Formação de professores para a Educação Básica

Dados Internacionais de Catalogação na Publicação (CIP)
(Câmara Brasileira do Livro, SP, Brasil)

Formação de professores para a Educação Básica /
  Ilma Passos Alencastro Veiga, Jocyléia Santana dos Santos (orgs.). –
Petrópolis, RJ : Vozes, 2022.

  Vários autores.
  Bibliografia.
  ISBN 978-65-5713-443-6

  1. Currículos 2. Educação – Brasil 3. Educação Básica 4. Política educacional 5. Prática de ensino 6. Professores – Formação I. Veiga, Ilma Passos Alencastro. II. Santos, Jocyléia Santana dos.

21-92120   CDD-370.71

Índices para catálogo sistemático:
1. Professores : Formação : Educação   370.71

Cibele Maria Dias – Bibliotecária – CRB-8/9427

Ilma Passos Alencastro Veiga
Jocyléia Santana dos Santos
(orgs.)

Formação de professores para a Educação Básica

EDITORA VOZES

Petrópolis

© 2022, Editora Vozes Ltda.
Rua Frei Luís, 100
25689-900 Petrópolis, RJ
www.vozes.com.br
Brasil

Todos os direitos reservados. Nenhuma parte desta obra poderá ser reproduzida ou transmitida por qualquer forma e/ou quaisquer meios (eletrônico ou mecânico, incluindo fotocópia e gravação) ou arquivada em qualquer sistema ou banco de dados sem permissão escrita da editora.

CONSELHO EDITORIAL

Diretor
Gilberto Gonçalves Garcia

Editores
Aline dos Santos Carneiro
Edrian Josué Pasini
Marilac Loraine Oleniki
Welder Lancieri Marchini

Conselheiros
Francisco Morás
Ludovico Garmus
Teobaldo Heidemann
Volney J. Berkenbrock

Secretário executivo
Leonardo A.R.T. dos Santos

Editoração: Elaine Mayworm
Diagramação: Sheilandre Desenv. Gráfico
Revisão gráfica: Alessandra Karl
Capa: Ygor Moretti

ISBN 978-65-5713-443-6

Este livro foi composto e impresso pela Editora Vozes Ltda.

Sumário

Apresentação, 7
Prefácio, 9

I – O cenário brasileiro atual, 13

1 Questões estruturais e desafios das políticas educacionais para além do contexto de excepcionalidade, 15
Anselmo Alencar Colares e Maria Lília Imbiriba Sousa Colares

II – As políticas educacionais vigentes, 39

2 O impacto das políticas públicas na formação de professores, 41
Maria José de Pinho, Jocyléia Santana dos Santos e Tania Suely Azevedo Brasileiro

3 Uma leitura comparativa entre as resoluções n. 2/2015 e n. 2/2019, 72
Maria Antonia Vidal Ferreira

4 Formação de professores – Uma análise por dentro da Resolução n. 2/2019, 94
Ilma Passos Alencastro Veiga

III – Construindo a formação de professores para a escola pública cidadã – O currículo em foco, 117

5 Coletivos de professores(as) em formação – Instituindo políticas de currículo, 119
Roberto Sidnei Macedo e Renê Silva

6 Currículo da formação inicial de professores – Alternativas propositivas, 148

Antonia Edna Brito, Josania Lima Portela Carvalhêdo e Maria da Glória Soares Barbosa Lima

7 Formação de professores para a Educação Básica – Relações entre currículo e escola, 168

Amali de Angelis Mussi

8 E agora? Pós-BNCC – Qual(is) currículo(os) diverso(s) para formar professores no Brasil?, 189

José Damião Trindade Rocha

Sobre os autores, 219

Apresentação

Este livro emerge do momento atual que vivemos como professoras formadoras nos cursos de licenciatura, a partir das políticas educacionais reformistas e gerencialistas. Podemos afirmar que a presente proposta é uma produção coletiva e orgânica, na qual a experiência vivida é analisada à luz do referencial histórico-crítico, dos estudos, das pesquisas, do ordenamento legal, das práticas pedagógicas e das normas institucionais.

A discussão colocada surge também da necessidade urgente de se reconfigurar os processos de formação docente para a Educação Básica e suas práticas pedagógicas individuais e coletivas, mas também históricas e contextuais. Assim, somos embalados pelas nossas experiências que, mesmo desenvolvidas em diferentes espaços, lugares e cursos de licenciatura, nos transformam não somente a prática formativa, mas o sentido atribuído ao papel relevante do professor que forma professores.

É importante fortalecer que os cursos de licenciatura têm como objetivo fundante a formação para o exercício da docência na Educação Básica. Diante do exposto, levantamos os seguintes questionamentos: qual é o cenário brasileiro atual? Quais são as políticas educacionais? O que significa formação de professores para a escola pública cidadã tendo o currículo como foco?

A fim de responder tais questões, organizamos o livro em torno dessas perguntas balizadoras. Nesse sentido, entendemos que é durante a formação inicial que os conhecimentos fundamentais para o exercício da profissão vão sendo construídos e conferindo à reflexão uma dimensão crítica. Esse enfoque de reflexão crítica deve considerar os fatores políticos, sociais e institucionais que condicionaram a prática formativa e a emancipação das formas de dominação, do controle e da perda da autonomia. Em torno das três questões distribuímos as temáticas de forma integrada, a fim de convergir as relações e o raciocínio por meio do fio condutor teórico assumido.

As organizadoras

Prefácio

Recebi com muita alegria o honroso convite para prefaciar o livro *Formação de professores para a Educação Básica* organizado por Ilma Passos Alencastro Veiga e Jocyléia Santana dos Santos. É sempre um voto de confiança esse pedido desafiador para apresentar uma primeira leitura que corresponda ao elevado teor dos textos. Escrevo com o compromisso do bem-querer e do reconhecimento das contribuições que esta obra se mostra para realizarmos a sua leitura.

O livro aborda a formação dos professores com discussões densas, examinando pontos nevrálgicos que envolvem a conjuntura atual nas perspectivas política, normativa e curricular dos cursos de formação docente. Está organizado em três temáticas fundamentais: o cenário brasileiro atual, as políticas educacionais vigentes e as propostas para construir a formação de professores para a escola pública cidadã colocando o currículo em foco. Trata-se de uma obra potencial para ser lida, discutida e analisada nesses tempos em que estamos vivendo um cenário desafiador que se desdobra sobre a crise política, econômica, social e sanitária.

O livro inicia justamente com as inquietações que advêm destes tempos de excepcionalidade devido à pandemia do Covid-19, como propõe Anselmo Alencar Colares e Maria Lília Imbiriba Sousa Colares. O autor e a autora destacam que esse cenário é tornado mais grave não só pelo estado de exceção da suspensão do regime das aulas presenciais, mas, em especial, pela conjuntura neoliberal assumida nos encaminhamentos das políticas educacionais que se constitui como uma crise estrutural da organização social capitalista. Assim, mudanças efetivas não serão possíveis apenas pelo voto na escolha eleitoral. São antes mudanças germinadas coletivamente para uma sociedade qualitativamente melhor. Para tal se exige análise, proposições, envolvimento, insurgências a serem estabelecidas para transformar as iniciativas isoladas em vida coletiva e igualitária, ou seja, o nascer de novas estruturas sociais tão almejadas.

Nas veredas da conjuntura das políticas educacionais em vigência, três abordagens são realizadas: o impacto das políticas públicas na formação de professores proposto por Maria José de Pinho, Jocyléia Santana e Tania Brasileiro; uma leitura comparativa entre duas resoluções – n. 2/2015 e n. 2/2019 –, feita por Maria Antonia Vidal; e a formação de professores – uma análise por dentro da Resolução n. 2/2019 – examinada por Ilma Passos Alencastro Veiga. Esse exame denso que penetra no interior das atuais políticas de encaminhamento da formação de professores toma como premissa fundamental a formação em totalidade como basilar para a profissionalização dos docentes.

As reflexões das escritas expressas nos textos especulam e com sabedoria balizam as proposições das determinações legais. São incisivas ao analisarem as configurações que orientam as políticas de mercantilização da formação docente. Os textos não se limitam a discutir apenas a letra da lei, mas distinguem as intencionalidades e as finalidades que direcionam o rompimento da formação pública. As motivações das atuais diretrizes contêm elementos de natureza privatistas. O trato é fragmentário, retomando a disjunção entre a formação inicial e continuada focalizando políticas que expressam abordagens produtivistas de uma formação para uma pedagogia de resultados, recrudescendo para uma perspectiva tecnicista direcionada ao treinamento dos professores. Essas proposições reducionistas haviam sido superadas na Resolução de 2015 e são retomadas em 2019.

Os textos reafirmam uma conjuntura que impõe mudanças reformistas, marcadas pela [...] "ausência de debates e consultas públicas às entidades acadêmico-científicas, fóruns estaduais e representantes das unidades escolares" (ANPED, 2020), ou seja, políticas gestadas no interesse privado esmaecendo os processos de colaboração e participação coletivos. Com efeito, a última resolução pauta a formação em um treinamento de competências e habilidades no qual predomina a racionalidade técnico-instrumental sobrepondo-se à uma formação emancipatória e libertadora. A política de formação defende a centralidade na BNCC retomando uma política em que se valoriza elementos da educação bancária.

E as veredas de construção de um currículo da formação de professores para a escola pública cidadã são focalizadas nos textos: "Coletivos de professores(as) em formação: instituindo políticas de currículo", abordados por Roberto Sidnei Macedo e Renê Silva; "Currículo da formação inicial de professores: alternativas propositivas", de Antonia Edna Pinho, Josania Portela Carvalhêdo e Maria da Glória S. Barbosa; seguidos do texto "Formação de professores para a Educação Básica: relações entre o currículo e escola", defendido por Amali de Angelis Mussi, e finaliza o livro com o texto: "E agora? Pós-BNCC – Qual(is) currículo(s) para formar professores no Brasil?", com questionamentos feitos por Damião Rocha.

Assim, o teor das escritas se volta para as discussões sobre o currículo para cursos de formação de professores que foram iniciadas na década de 1980 com a participação intensa da comunidade acadêmica. Esse processo de organização coletiva assume indicações teórico-metodológicas que se expressam nos capítulos favorecendo a compreensão dessas tendências curriculares, como as concepções de autorização curriculante que se materializam em atos de currículo, mediações intercríticas em currículo, instituintes culturais da formação e com-versações curriculantes. A construção do currículo nesse processo dialógico e dialético é abordado com a proposta da Undime/BA, que realiza *uma ação formacional que promova amplos debates participativos com os professores das redes públicas municipais da Bahia*, oportunizando a elaboração de referenciais curriculares com a participação coletiva.

A senda da compreensão dos conhecimentos fundamentais e poderosos para a formação de professores são parte dessa construção do currículo. Para isso estão presentes nos textos as discussões sólidas em pesquisadores que ajudam a estabelecer propostas referenciais. As perguntas basilares são formuladas: Que profissional professor pretendemos formar? Qual sua identidade? O que permite embasar um currículo que se materializa em consistência, propriedade e pertinência?

Do mesmo modo, os marcos legais delineados ao longo dessas últimas décadas são abordados como objeto das discussões, salientando as contribuições da Anfope que, coletivamente, ancorou a proposição de alternativas para a definição de uma política nacional de formação dos profissionais/trabalhadores da educação, constituindo-se na base da Resolução CNE/2015, a qual está em desmonte.

Reafirmo que a leitura deste livro é necessária para preservar e elevar o pensamento crítico e a sensibilidade com que tratamos a formação dos professores. Dessa leitura fluirão análises substantivas para fortalecer novas possibilidades de superação de políticas tão adversas. O diálogo com os autores em seus escritos, com certeza, provocará resposta na direção de construção da reinvenção da escola, enquanto condição necessária à afirmação e consolidação dessa sociedade que almejamos mais democrática. A formação dos professores se soma a esta condição quando realizada como participação e colaboração coletiva. Almejamos equidade e justiça social, que, mais que palavras, possam se constituir em práticas para configurar a formação dos professores. Que este livro tenha essa potência que nos anima e fortalece para reflexões e experiências coletivas para um novo cenário que há de vir!

Uma tarde fria, anunciando o inverno; contudo, o coração está aquecido de afetos, a mente aberta e com esperança... boa leitura!

Joana Paulin Romanowski
Curitiba, 16 de junho de 2021.

I
O cenário brasileiro atual

1
Questões estruturais e desafios das políticas educacionais para além do contexto de excepcionalidade

Anselmo Alencar Colares
Maria Lília Imbiriba Sousa Colares

Introdução

Tratar de formação de professores para a Educação Básica – e outros níveis – exige um movimento amplo de identificação, compreensão e análise de múltiplos fatores que se apresentam nos mais variados campos que constituem a sociedade e ultrapassam o imediatismo do cotidiano. Eis por que se justifica a leitura histórica em busca das chaves de compreensão aos problemas que nos incomodam.

A educação escolar se desenvolve concomitante aos acontecimentos gerais que constituem a história; todavia, tem as suas particularidades, podendo apresentar descompassos em relação à conjuntura. As instituições escolares, mesmo sendo receptivas a mudanças, são também muito marcadas por continuidades que lhes asseguram o reconhecimento da sociedade como locais de formação das gerações futuras, em sintonia com os avanços de cada época, porém, sem rompimentos bruscos quanto às tradições. Tal equilíbrio não é simples.

Vez por outra ocorrem rupturas mais rápidas e profundas, gerando modificações substanciais seja nas concepções ou nas práticas, ou em ambas. É o caso do momento em que o mundo teve que enfrentar a pandemia causada pelo SARS-CoV-2 (o novo coronavírus), ao mesmo tempo em que já se via às voltas com graves problemas estruturais do modo hegemônico de produção. A crise econômica associada com a questão sanitária amplificou as mazelas que já se faziam presentes no cotidiano das populações mais pobres, tornando-se um espectro assustador para outros segmentos. A humanidade se viu diante de uma crise expressa de forma aguda em uma conjuntura singular. E como em outras épocas de crises, diante do desafio da superação.

A pandemia mostrou ao mundo que o vírus atinge a todos, ricos e pobres, governantes e governados. Mas não de forma igualitária. As condições de moradia, de transporte, de trabalho e outros fatores, incluindo a educação, influem diretamente no contágio, na transmissão e no tratamento, realçando as desigualdades sociais. Nesse sentido, é imprescindível entender os fatores que interferem nos acontecimentos para que possamos agir de forma coerente, evitando repetir erros do passado, aprendendo com eles a superar nossas limitações, em todos os setores da sociedade.

Abordamos o contexto de excepcionalidade no campo educacional com olhar retrospectivo e, ao mesmo tempo, perspectivo, entendendo a relevância de atentarmos para as circunstâncias gerais que produzem os acontecimentos concretos e a correlação de forças dos diversos grupos e segmentos que compõem a sociedade. Estabelecemos como recorte temporal a Carta Magna de 1988 e a legislação que dela decorreu, em atendimento aos anseios e lutas dos movimentos sociais, os quais em parte se concretizaram em políticas públicas. Tomamos por referência os planos nacionais de educação, e as disputas por recursos públicos sob a orientação do capitalismo financeirista e do neoliberalismo.

A humanidade já passou por várias pandemias e muitas crises, sejam econômicas, políticas, religiosas ou de outra natureza. E elas sempre deixam marcas, porém, não impedem que a história enquanto produção humana siga o seu curso. Razões pela qual a excepcionalidade aqui será tratada considerando os antecedentes e os seus desdobramentos. Isto porque, muito antes da pandemia, alguns problemas já se faziam presentes e tendem a permanecer uma vez que fazem parte da lógica do modo de produção capitalista no qual há uma crescente separação entre trabalhadores e dirigentes, entre trabalho intelectual e trabalho instrumental, produzindo o que Kuenzer (2002), dentre outros estudiosos, caracterizam como um processo de "exclusão includente", no qual são identificadas estratégias para excluir o trabalhador do mercado formal, onde há direitos assegurados e melhores condições de trabalho, para situações de informalidade sob condições precárias. Redução de desemprego, e ampliação de trabalhadores uberizados (ANTUNES, 2018). Encontra-se articulada a esta lógica uma outra equivalente e aparentemente oposta, do ponto de vista da educação. Trata-se da inclusão excludente, pela qual, ao se disponibilizar educação, promove-se a equiparação de oportunidades, sem que as condições materiais de existência sejam problematizadas na perspectiva de superação das enormes desigualdades (FERRAZZO et al., 2015).

Se, por um lado, a lógica do capital produz a exclusão sob aparência de incluir, ou inclui mantendo a exclusão, por outro, provoca nos estudiosos das questões sociais e produz na existência concreta de milhões de pessoas reações em busca de mudanças. Algumas delas são sistematizadas em políticas públicas. O atual Plano Nacional de Educação (PNE), por exemplo, vigente desde 24 de junho de 2014, prevê metas e estratégias até 2024 para todos os níveis de educação do país, da Educação Infantil à pós-graduação, prevendo em suas estimativas ações específicas para a redução das desigualdades e inclusão de minorias. O PNE que vigorou entre os anos de 2001 a 2011 já lançava em suas metas e estimativas a universalização do acesso à Educação Básica, inclusive com o atendimento educacional especializado, preferencialmente na rede regular de ensino;

e reforçava as propostas e ações para o fortalecimento do respeito à diversidade para efetivar a inclusão de forma mais ampla, consubstanciada na legislação e nas políticas educacionais. Questões para as quais a formação de professores se torna imprescindível. Todavia, diversas pesquisas apontam as limitações dessas e de outras políticas, tendo em vista as contradições presentes no sistema mais amplo no qual elas estão inseridas. A necessidade do atendimento a cláusulas estabelecidas pelo Banco Mundial e outros organismos multilaterais, conforme constam em documentos oficiais, impõem estratégias curriculares complementares subordinadas à lógica das políticas de contenção da pobreza. Portanto, muito mais grave que alguns impactos pontuais da pandemia é a consolidação de um currículo instrumental ou de resultados imediatos, constituído em um conjunto de conteúdos mínimos necessários ao trabalho e emprego. Mesmo que seja associado a aspectos positivos como a inclusão social, a diversidade, o convívio solidário, como observa Libâneo (2016), objetiva formar um tipo de cidadania apática, voltada para o apaziguamento de conflitos sociais, sem que haja o efetivo combate das desigualdades. A preocupação procede, uma vez que

> [...] o Estado brasileiro não se revelou, ainda, capaz de democratizar o ensino, estando distante da organização de uma educação pública democrática de âmbito nacional. Transpusemos o limiar do século XXI sem termos conseguido realizar aquilo que, segundo Luzuriaga, a sociedade moderna se pôs como tarefa nos séculos XIX e XX: uma educação pública nacional e democrática. Ao contrário dessa promessa burguesa, as duas primeiras décadas do século XXI foram de aprofundamento das políticas neoliberais na educação [...] (LOMBARDI & COLARES, 2020, p. 22).

Este capítulo discute algumas das questões que constituem a crise estrutural do capital (MÉSZÁROS, 2011), com a compreensão de como os donos de grandes fortunas buscam saídas tão somente para os problemas de natureza econômica/financeira que lhes assegurem ampliação de ganhos. Sendo estrutural, a crise afeta todas as dimensões da vida humana, sendo a educação uma dessas dimensões. Dessa forma, como afirma Frigotto (2010), o entendimento dos dilemas educacionais somente será possível se compreendermos a utilização do receituário neoliberal pelos governos que, em diferentes países, buscam fragmentar os sistemas educacionais e mercadorizar ao extremo o processo de produção e disseminação do conhecimento.

A crise estrutural

A conjuntura que estamos vivendo nos remete para a crise estrutural mais recente, e ainda em curso, do capitalismo internacional, cujo início se deu em 2007. A crise anterior, de grandes proporções, foi na virada dos anos de 1960/1970, e dela "herdamos" os processos de reestruturação produtiva, maior circulação de mercadorias e expansão comercial, com a concentração de produção em regiões mais favoráveis aos investidores. A principal forma encontrada para contornar a crise, sob a perspectiva do capital, foi o aumento da rotação de investimentos e aplicações financeiras, seguindo uma exigência do capitalismo contemporâneo: a redução do tempo de ganho. O aumento da rotação (velocidade de circulação de capitais) está na base da financeirização, ou seja, na formação de um capital fictício. Fase atual do modo de produção capitalista na qual ocorre a venda do direito de apropriação futura e se dividem lucros antecipadamente (trazendo o futuro para o presente), e daí o "desespero" pelo crescimento da economia, traduzido em formas agressivas de "desenvolvimento" e intensificação do consumo para atender aos ditames do mercado, e a insaciável fome de lucros antecipados por parte do sistema financeiro.

Para os expropriados, que vendem a força de trabalho, o que equivale a dizer a si próprios, ficou mais nítida a sensação da vida encurtando, face à intensificação da exploração e das formas precarizadas de trabalho, moradia e outras condições básicas de existência, bem como a desregulamentação de normas de proteção e amparo aos trabalhadores frente aos abusos de empregadores.

A crise iniciada no final da primeira década do século XXI é estrutural, conforme a definição apresentada por Mèszáros, uma vez que "afeta a *totalidade* de um complexo social em todas as relações com suas partes constituintes ou subcomplexos, como também a outros complexos aos quais é articulada" (2002, p. 797), não importando o grau de severidade em relação às partes afetadas. Possui alcance *global*, em escala de tempo contínua, e vai persistentemente afetando várias dimensões da estrutura social. E pelo fato de o modo de produção capitalista ter se tornado hegemônico e estar presente por todo o planeta – não tendo mais praticamente para onde se expandir –, a crise estrutural ganha dimensões incalculáveis. O capitalismo busca sobrevida por meio da obsolescência programada ou "produção destrutiva", seguindo a lógica de que o consumo depende do que seja destruído e que possa ser reconstruído em maior escala, com custos mais baixos em decorrência da precarização do trabalho e a intensificação da produção automatizada.

O desenvolvimento de novas forças produtivas já havia atingido um nível crítico comparado ao que ocorrera até meados do século XX, uma vez que, a partir da crise dos anos de 1970, deu-se a reconversão produtiva com o advento do neoliberalismo e sua expansão para as diversas regiões do mundo. No Brasil, ganhou maior visibilidade a partir do governo de Fernando Collor (1990-1992), e no campo educacional se expressou por políticas educacionais ambíguas, combinando o discurso que reconhece a importância da educação com a redução dos investimentos na área e apelos à iniciativa privada e organizações não governamentais, indicando ser a "racionalidade financeira" a via de realização de um programa cujo vetor é o ajuste aos desígnios da globalização pela redução dos gastos públicos e diminuição do tamanho do Estado, visando tornar o país atraente ao fluxo do capital financeiro internacional.

A mercantilização e o empresariamento foram ganhando terreno com as transferências de recursos públicos para a iniciativa privada de várias formas, por meio das chamadas parcerias público-privadas, colocando em risco conquistas democráticas historicamente obtidas por meio de lutas coletivas.

Mesmo tendo a economia mais robusta na América Latina, o Índice de Desenvolvimento Humano (IDH) do Brasil – 0,761 – divulgado em dezembro de 2019, nos mostrava atrás do Chile, da Argentina e do Uruguai. Internamente, as regiões Centro-oeste e Sudeste têm os melhores indicadores – 0,789 e 0,794 – e as regiões Norte e Nordeste os índices mais baixos – 0,683 e 0,608 – o que revela também as enormes desigualdades e disparidades regionais. O IDH do Brasil tem registrado avanços importantes ao longo do tempo, saindo de 0,613 em 1990 para 0,864 em 2000. Em 2010 alcançou 0,726. Relatórios divulgados pelo Programa das Nações Unidas para o Desenvolvimento (Pnud) em parceria com o Instituto de Pesquisa Econômica Aplicada (Ipea) e a Fundação João Pinheiro revelam que as regiões Norte e Nordeste tiveram o maior ritmo de crescimento de 2000 a 2010. Em 2016, 2017 e 2018, o Brasil continuou registrando aumentos, porém, insignificantes, sem reduzir as discrepâncias internas e mantendo a acentuada desigualdade econômica e social.

Os indicadores mostram que o quadro conjuntural, mesmo sendo fundamental para a análise da realidade, não pode ser tratado sem a compreensão da estrutura. Dessa forma, faz-se necessário retroceder no tempo para identificarmos a gênese da crise, expressa na acumulação de capitais, por um lado, alimentando o processo de financeirização do atual estágio do capitalismo; e a pauperização das massas, por outro. Parte da população se submete a condições precarizadas de trabalho ou adere ao discurso do empreendedorismo.

Sendo a atual fase do modo de produção capitalista caracterizada pela venda antecipada de resultados futuros (que podem ocorrer ou não), e na qual uma parcela reduzida de capitalistas, para que possa obter lucros astronômicos, depende do crescimento acelerado da economia, tem-se que o chamado crescimento ou desenvolvimento passa a ser uma condição *sine qua non*. Para que aconteça, não importa a devastação desenfreada de recursos naturais e a intensificação da exploração humana.

A financeirização acarreta, concretamente, bem ao contrário do que anuncia, baixo crescimento econômico (visto sob a perspectiva de ampliação da produção), aprofundando as desigualdades sociais e a crise fiscal em regiões periféricas do capitalismo. Os ganhos ficam cada vez mais concentrados nas grandes corporações, acarretando falências de pequenos empresários, redução de empregos, de pagamentos de impostos e tributos. Conter crises financeiras e capitalizar instituições privadas custa muito aos cofres públicos, gera acentuado déficit fiscal e aumenta a pressão para o corte de gasto público, sobretudo social. Revela de forma nítida o processo de privatização dos lucros, nas expansões, e socialização das perdas, nas crises.

No segundo mandato de Dilma Roussef eram visíveis os problemas fiscais, assim como o distanciamento do governo federal para com as causas sociais, com a redução de recursos destinados para as políticas públicas. Assim, foi perdendo apoio político até entre aliados e passando a sofrer massivo ataque da oposição e, principalmente, dos grupos de extrema direita com atividade na mídia tradicional e nos novos formatos digitais.

Tendo em vista a finalidade deste texto, não vamos nos prender às questões específicas da política, da economia ou de outros campos da vida social, a fim de que possamos nos deter um pouco mais na análise macro e tecer considerações quanto à educação escolar pública. Recordemos que a sua forma privada já remonta a épocas anteriores, porém, longe de assumir o caráter que passou a ter com o neoliberalismo.

No advento da modernidade ainda ecoava o aspecto revolucionário da burguesia, pelo qual a escola era vista associada a uma finalidade política e social, portanto, à educação como um direito, o que permitiu alguns avanços na luta em prol da sua gratuidade, laicidade e obrigatoriedade.

Estamos muito distantes da forma de privatização inicial. Agora, o capital fictício e sua necessidade de rotação em tempo cada vez mais curto viu na educação uma grande oportunidade, dado ser um campo em larga expansão e a escola ter se tornado a forma predominante e quase exclusiva de formação tanto para o trabalho quanto para outros aspectos da manutenção do próprio modo de produção capitalista.

Importante observar que – após a aprovação da Emenda Constitucional n. 59, que ampliou a obrigatoriedade do ensino estendendo-o de 4 a 17 anos – o Brasil passou a integrar o conjunto de nações que mais asseguram o ensino obrigatório no mundo. Este fato despertou o apetite privado pelos recursos públicos destinados à Educação Básica, para a venda de produtos e serviços, disputando a oferta de conteúdos e metodologias, assessorias para governos estaduais ou municipais (leia-se secretarias ou órgãos equivalentes) ou por outras formas estabelecidas nos chamados Arranjos de Desenvolvimento da Educação, mesmo que, *a priori,* aparentemente não envolva a transferência de recursos públicos para essas instituições e organizações.

As confluências entre empresários e governo não são mera casualidade, mas resultado da interlocução e trânsito que possuem dentro dos centros de poder. Com a retórica de que a gestão privada é mais eficiente do que a gestão pública, e que os resultados são mais visíveis e sintonizados com as aspirações de desenvolvimento (na perspectiva econômica, é claro), abrem novos espaços de atuação das empresas privadas na educação pública. E compõem a estratégia do capital para ampliar os espaços de acumulação. O poder público continua sendo o executor e financiador da política, mas a direção e controle passam a ser de instituições privadas que introduzem elementos da lógica de mercado na gestão escolar, nos conteúdos e nas metodologias de ensino. E passam a influenciar todo o processo à medida que ampliam a atuação na formação de professores.

O processo de privatização da educação pública tem avançado de diferentes formas, sendo parte das estratégias do capital para a superação de sua crise estrutural que o impele à busca incessante de novas formas de acumulação. Os grandes veículos de comunicação tradicionais (jornais, rádios e tvs) mas também os novos formatos que estão sob o domínio do capital massificam na população a existência de uma crise de qualidade da educação pública e do próprio Estado no oferecimento dos serviços públicos. Concomitante, disseminam como solução o ajuste dos serviços públicos aos moldes da gestão empresarial, apresentando-a como mais produtiva e eficiente. As avaliações de larga escala são utilizadas como instrumento político para enfatizar o "fracasso" da educação pública, apresentando um caos educacional, justificando reformas que beneficiam os interesses privatistas, na implementação de sua agenda na educação, buscando sugar dinheiro público, via colaboração efetiva do Estado, em suas diferentes esferas de governo com a transferência de responsabilidade na efetivação do direito à educação escolar, tornando-a mercadoria a ser vendida por empresas privadas (ADRIÃO & PINTO, 2016).

Esse movimento denominado de empresariamento na educação implica graves consequências para o processo educativo, afetando todos os envolvidos, porém, de forma mais rápida e intensa o professor, desrespeitado cada vez mais na sua autonomia, quando o seu conteúdo já vem pronto, estruturado, para apenas ser ministrado. São inúmeros os sistemas públicos que compram seus programas de ensino ou metodologias gerenciais. A formação de professores para a Educação Básica em nível superior encontra-se majoritariamente articulada a grandes instituições privadas, com forte concentração nos cursos à distância. Empresariar implica responder ao pressuposto de diminuir custo e aumentar a produtividade de uma organização, tornando-a lucrativa ou otimizada. O pensamento e a prática empresarial trabalham no sentido de extrair uma *performance* sempre ótima de seus componentes – pessoas, material ou maquinaria. No setor educacional público o empresariamento se revela nos princípios privados de gestão, travestidos de democráticos, escamoteando os processos autoritários na forma pseudomocrática (COLARES, 2020, p. 294).

Ranqueamentos, competitividade, performatividade, são introduzidos no cotidiano das escolas, comprometendo a formação para a cidadania, com respeito à diversidade e objetivando o fortalecimento dos princípios da solidariedade e da busca do bem-estar coletivo. Tudo isso desafia a nos posicionarmos nesse campo de disputas. Precisamos nos manter alertas e resistir. É esse nosso papel enquanto educadores comprometidos com as causas pelas quais tantos já se empenharam ao longo da história. Mesmo que pareçam isolados, esses fenômenos se articulam e põem em risco as conquistas democráticas historicamente obtidas por meio de lutas coletivas.

Sob a égide do neoliberalismo, todos os setores da sociedade são atingidos, uma vez que ocorrem drásticas mudanças nas funções sociais do Estado, impelido a realizá-las como serviços, mercadorias a serem comercializadas. Dessa forma,

> [...] o capital fictício e sua necessidade de rotação em tempo cada vez mais curto, viu na educação uma grande oportunidade, dado ser um campo em larga expansão e a escola ter se tornado a forma predominante e quase exclusiva de formação tanto para o trabalho quanto para outros aspectos da manutenção do próprio modo de produção capitalista (COLARES, 2020, p. 285-286).

A compreensão da conjuntura acompanhada da análise da crise estrutural do sistema, nos leva a pensar no capitalismo não apenas como modo de produção, no nível econômico, mas como um modo total de produção da vida. Isso significa que um dos vetores inerentes ao capitalismo é a mercantilização absoluta que não se expressa apenas pela venda da educação-mercadoria, mas pela mercantilização do conhecimento produzido, dos espaços, dos conteúdos e das formas de ensinar, e dos demais componentes do processo educacional. Nesse sentido, recordemos o que afirmou o historiador Eric Hobsbawm, em conferência proferida na Universidade da Califórnia, em 1984, quanto a duas forças que turvavam a visão da humanidade naquele momento: a predominância de um olhar a-histórico no enfrentamento dos problemas de então; e a distorção da história para fins irracionais, capaz de transformá-la em "mito de autojustificação". No mar de angústia, estresse, descrença, insatisfação que atravessamos diariamente, não podemos nos esquecer da voz lúcida de Hobsbawm, quando afirma que "é tarefa dos historiadores [e dos educadores] remover essas vendas ou pelo menos levantá-las um pouco ou de vez em quando (HOBSBAWN, 1998, p. 47-48).

Para que não ocorra a destruição de políticas sociais universais e estatais, faz-se necessário defender a educação como direito e que sua gestão seja pública e democrática, com o restabelecimento e ampliação de políticas públicas orientadas para o cumprimento do que estabelece a Constituição Federal, a Lei de Diretrizes e Bases da Educação Nacional e o Plano Nacional de Educação, e rechaçando a forma mercadoria regida pela financeirização e o empresariamento.

Tendo em vista que vivemos em uma sociedade dividida em classes socais cujos interesses são antagônicos – dado a lógica do modo de produção e de circulação das riquezas – as crises conjunturais expressam as contradições e são possibilidades de lutas, travadas em perspectivas opostas pelas classes que disputam os projetos societários. Dessa forma, a classe que exerce a dominação econômica, política, governamental e controla parte significativa da produção e difusão das narrativas, trata as crises como disfunções nas quais as despesas públicas com as políticas sociais ganham peso na geração do desequilíbrio fiscal que leva ao aumento dos impostos e dos preços em geral, acarretando a necessidade de redução de custos, com desemprego e a flexibilização ou eliminação de direitos trabalhistas, o que requer rearranjos por meio de reformas. Ao passo que a classe dominada, por meio dos integrantes que compreendem essa condição, encara as crises cíclicas, conjunturais, como expressões das contradições da estrutura e luta para obter ganhos na correlação de forças, tendo em vista a transformação da estrutura da sociedade.

Reafirmando o PNE

A proposição formal de um plano educacional de âmbito nacional, no Brasil, ganhou lugar na Constituição de 1934, art. 150, alínea a, ao estabelecer como competência da União "fixar o plano nacional de educação, compreensivo do ensino de todos os graus e ramos, comuns e especializados; e coordenar e fiscalizar a sua execução, em todo o território do país". "A Carta Magna [...] previu, [...], um Conselho Nacional de Educação", cuja principal função seria a de elaborar o Plano Nacional de Educação, já reivindicado no Manifesto dos Pioneiros da Educação, de 1932. No entanto, somente em 1962 se redigiu o PNE, mas não seguiu o formato de projeto de lei. Fernando Henrique Cardoso (FHC) ao ocupar democraticamente o poder de Estado em 1995, juntamente com a sua equipe, retoma a discussão da necessidade de se implementar um PNE que atendesse aos anseios dos diferentes seguimentos da sociedade civil e que fosse capaz de promover de forma justa e igualitária o desenvolvimento do país (SAVIANI, 2014).

A gestão FHC reuniu representantes da sociedade civil e considerou as recomendações de instituições multinacionais, como o Fundo Monetário Internacional (FMI), Banco Mundial (BM), Organização para Cooperação e Desenvolvimento Econômico (OCDE), Organização das Nações Unidas para a Educação, a Ciência e a Cultura (Unesco), iniciando em 1996 a Reforma Educacional (TRAINA & CALDERÓN, 2014), com o aporte do documento conhecido como Consenso de Washington, com as políticas neoliberais definidas em novembro de 1989, em Washington, por governos conservadores, diretores executivos e representantes de instituições financeiras internacionais, presidentes de bancos centrais, e outras autoridades integrantes de governos das economias em desenvolvimento. Os empréstimos concedidos pelo BM foram condicionados à adesão de políticas de privatização, à redução orçamentária de gastos públicos e à flexibilização dos contratos de trabalho (SILVA, 2005), um pacote de estímulos às políticas de privatização tanto do campo econômico quanto do campo social e educacional. A legitimação jurídica se deu com a Lei n. 9.394 de 20 de dezembro 1996 (LDB/1996), ao definir, no art. 8º, que "caberá à União a coordenação da política nacional de educação, articulando os diferentes níveis e sistema e exercendo função normativa, redistributiva e supletiva em relação às demais instâncias educacionais" (BRASIL, 1996). Na sequência, o PNE (2001-2011) regulamentou os pactos federativos nacionais em torno da política pública educacional, resultando em importantes avanços, porém, trazendo novos e instigantes desafios.

A Lei n. 10.172/2001 aprovou o Plano Nacional de Educação, com duração de dez anos, e estabelecendo que estados, municípios e o Distrito Federal deveriam elaborar e executar os planos e as metas decenais correspondentes. Referente à avaliação, foi instituído como mecanismo de acompanhamento e monitoramento o Sistema Nacional de Avaliação. Aguiar (2010) demonstra que o PNE buscou atender aos anseios da comunidade científica, em especial aos trabalhos da Conferência Nacional de Educação (Conae); das organizações multinacionais, em destaque para a reunião promovida pela Unesco, em Jomtien, na Tailândia, em 1993, e de entidades nacionais como: União Nacional dos Dirigentes Municipais de Educação (Undime) e do Conselho Nacional de Secretários de Educação (Consed).

Foi realizado um amplo diagnóstico da Educação Básica, da Educação Superior e das modalidades de ensino sendo especificadas diretrizes, e propostas 295 metas e objetivos a serem alcançados em diferentes prazos com o máximo de dez anos, com vistas a elevar o nível de escolaridade da população; melhorar a qualidade do ensino em todos os níveis, reduzir as desigualdades sociais e regionais ao acesso e à permanência, com sucesso, na educação pública e democratizar a gestão. Entre outras medidas de impacto, ampliou o atendimento à Educação Infantil de 0 a 6 anos, devido às condições precárias das famílias trabalhadoras em prover os cuidados e meios adequados para a educação de seus filhos pequenos e da impossibilidade de a maioria dos pais adquirirem os conhecimentos sobre o processo de desenvolvimento da criança. Historicamente, o atendimento da faixa etária de 0 a 3 anos esteve a cargo das instituições filantrópicas e do assistencialismo social, voltado aos cuidados de saúde e de alimentação.

Em linhas gerais, o diagnóstico da realidade educacional revelada pelo PNE (2001-2010) foi a de um país que apresentava sérios problemas de acesso a todos os níveis e modalidades educacionais, elevadas taxas de analfabetismo, repetência e evasão, e diversos obstáculos pedagógicos e físicos a serem sanados.

A avalição do cumprimento das 295 metas e objetivos propostos no PNE (2001-2010) revelou a permanência de muitos problemas. Por exemplo, na Educação Infantil, a meta de atendimento de 30% das crianças de até 3 anos de idade, no prazo de 5 anos, não foi atingida. Para viabilizar essa meta seria necessário o acolhimento de cerca de 5,3 milhões de crianças em creches. O cumprimento da meta para a faixa etária de 4 a 5 anos foi positivo, com média nacional de 77,6% em 2007. Os resultados da meta de universalização do Ensino Fundamental obrigatório de 7 a 14 anos, em 2006, estava quase garantido, considerando que a taxa de atendimento a essa faixa etária foi de 97,6%. Contraditoriamente, 46,5% de alunos chegam ao Ensino Fundamental, mas não conseguem conclui-lo, o que contribui significativamente para a distorção série/idade e para o aumento dos custos adicionais no sistema de ensino. Situações similares foram detectadas em outros níveis e nas modalidades educacionais. Ainda a título de exemplo, no período de 1998 a 2006, houve crescimento de 28% nas matrículas em escolas exclusivamente especializadas e 64% de matrículas em escolas comuns do ensino regular. Aquém do previsto, porém, apresentando importantes avanços.

Em 7 de novembro 2003, o governo federal publicou a Portaria n. 3.284, que dispôs os requisitos de acessibilidade necessários para a autorização, reconhecimento e credenciamento de cursos e instituições. Na busca pelos padrões de qualidade arquitetônica, atitudinal e pedagógica no atendimento dos estudantes com necessidade educacional especial, lançou o Programa Incluir, objetivando fomentar a criação e a consolidação de núcleos de acessibilidade nas instituições federais de Ensino Superior, e também criou o Programa Nacional de Informática na Educação (Proinfo), juntamente com o Programa de Informática na Educação Especial (Proinesp), visando contribuir para a ampliação, fornecimento e uso de equipamentos de informática no processo pedagógico de inclusão escolar. Dados do censo escolar revelam que, no período de 2003 a 2006, foram implantados mais de mil laboratórios de informática. O Programa Nacional de Apoio ao Transporte do Escolar (Pnate) e o Programa Nacional de Transporte Escolar (PNTE Especial/FNDE) contribuíram financeiramente com os municípios com repasse de verbas para a aquisição de veículos automotores destinados ao transporte de estudantes com deficiência da rede pública. Os programas supracitados buscaram atingir as metas/objetivos 8.3.14 e 8.3.15.

Para que as metas e objetivos estabelecidos nos Planos Nacionais de Educação sejam atingidos de forma exitosa, é fundamental o empenho de estados, municípios e Distrito Federal. Quase uma década após a vigência do nosso primeiro PNE, ainda havia muita desarticulação e falta dos planos nas demais instâncias de governo, como constatou Souza (2014). Somando a estes problemas, Aguiar enfatiza os reflexos das desigualdades socioeconômicas do país na educação, observando ser "ingênuo supor que apenas medidas de caráter burocrático-administrativo pudessem elevar o patamar de escolaridade da população brasileira" (AGUIAR, 2010, p. 724). São novos desafios ao planejamento educacional no Brasil, e também antigas questões, oriundas das conferências e das discussões realizadas acerca das políticas públicas em educação.

O atual PNE reafirma as propostas anteriores, as quais não foram possíveis de superar como, por exemplo, a universalização do atendimento escolar básico e a erradicação de todas as formas de discriminação escolar, visando a promoção do respeito aos direitos humanos e à diferença. Comparado ao anterior, estabeleceu avanços referentes ao acompanhamento por delimitar objetivos e prazos passíveis de monitoramento quantitativo para cada meta. Mas, por outro lado, sofreu um inusitado revés com a medida provisória que mais tarde foi convertida em Emenda Constitucional, congelando gastos públicos e, com isso, trazendo enormes dificuldades para o cumprimento das metas, diretrizes e estratégias que servem de referência para o planejamento das políticas públicas educacionais. Em síntese, vê-se que a promoção de condições adequadas de permanência nas escolas exige da comunidade escolar a transposição de qualquer obstáculo, entrave, atitude ou comportamento que impeça ou limite a participação coletiva, o exercício de direitos à liberdade de expressão e de movimento.

Dilemas e perspectivas

Para além da definição de Aristóteles quanto a sermos animais políticos, somos seres sociais e altamente dependentes da natureza. O desequilíbrio ecológico coloca em risco nossa sobrevivência e a de todas as espécies. Mudanças climáticas acentuadas e outros sinais de alerta na natureza anunciam uma catástrofe antecipada caso não se considerem os alertas da comunidade científica internacional. Todavia, estamos diante do crescimento do negacionismo obscurantista que significa um enorme retrocesso na história. A onda ultraconservadora ameaça tudo que represente óbice aos desmedidos ganhos de bilionários cujas fortunas ultrapassam orçamentos de vários países, e a soma dos ganhos ao longo da vida, de mais da metade da população mundial. Riquezas que em grande parte estão na forma de investimentos que se deslocam para qualquer região onde possam obter mais lucros. Capitais fictícios de pouco mais de uma centena de grupos corporativos que controlam o sistema econômico mundial. E como o capital não tem pátria, são grupos e indivíduos de diversas nacionalidades.

Estas questões por vezes nos parecem ser tão amplas e distantes do campo específico da educação que não chegam a ser problematizadas. Todavia, como se procurou mostrar, não existe dicotomia ou isolamento de problemas em um mundo cada vez mais globalizado e interdependente.

O movimento de reação, contra-hegemônico, é lento e requer mobilização intensa e permanente das forças progressistas. Depende de ação educativa, o que tem se mostrado muito difícil face ao desmonte das instituições públicas e ao esgotamento dos espaços que até pouco tempo se constituíam arena política para as lutas empreendidas pela classe trabalhadora, tais como os sindicatos e os partidos. Como alternativa vê-se o surgimento de novos movimentos sociais organizados de forma horizontal, tanto no interior dos espaços tradicionais quanto em outros formatos onde os coletivos possam atuar, inclusive com a utilização das redes sociais, quando conectados pela construção de uma sociedade qualitativamente melhor.

Isto porque as redes sociais e o complexo tecnológico midiático estão, em grande medida, sob o controle de setores reacionários ultraconservadores, os quais produzem e/ou disseminam em larga escala informações parcialmente verdadeiras ou completamente falsas (*fake news*) mas que parecem plausíveis para quem recebe e assim prossegue o processo de distribuição, replicando para seus contatos. O uso intensivo e destrutivo do aparato tecnológico de transmissão de dados tem sido denominado de guerra de 4ª geração, dado seu alcance destrutivo. Por conseguinte, entendemos que são dilemas para os quais se torna imprescindível a reflexão sistemática e fundamentada que a educação e a ciência podem realizar.

Vimos, por exemplo, que no transcorrer da pandemia, as aulas presenciais se tornaram remotas, passando por mudanças significativas, com diversos problemas, mas também, contraditoriamente, sendo geradas alternativas que podem se constituir em soluções. As aulas e muitas outras atividades provavelmente nunca mais serão as mesmas. Professores e estudantes passaram a fazer uso de ferramentas tecnológicas que já existiam e outras que foram adaptadas ou criadas para atender as inúmeras demandas. De certa forma, houve a quebra de obstáculos subjetivos que levavam a não aceitação de meios alternativos em substituição à presença física e aos processos interativos a ela associados.

Tudo isso traz impactos para as políticas educacionais em geral, e para a formação de professores, de maneira específica. Na fase de fechamento total das escolas e da recomendação do distanciamento social, houve aprimoramento de uso de recursos didáticos, metodologias e mecanismos de oferta da educação em formatos eletrônicos com uso da internet, e a adoção de sistemas mistos, nos quais as aulas e outras atividades continuavam a ocorrer de forma paralela com formas não presenciais. Dessa forma, dos próprios dilemas foram sendo gestadas as alternativas que se constituem perspectivas futuras.

A inquietação geral sobre o que fazer com as crianças e jovens confinados em seus lares gerou muita apreensão, afetando drasticamente o sistema educacional e, principalmente, a saúde dos professores, levados subitamente a fazer uso de meios tecnológicos sobre os quais não dispunham de conhecimentos enquanto ferramentas de ensino. A situação vivenciada reforçou a compreensão sobre a necessidade do estabelecimento de condições de trabalho e de processos formativos para situações emergenciais, mas também para o cotidiano das instituições escolares.

Nunca se produziu e se disseminou tanto material didático. Alguns de excelente qualidade, e que estão disponíveis nas plataformas onde foram veiculados. Mas pouco tivemos de avanço em termos de estabelecimento de políticas públicas visando a produção, disseminação e armazenamento dos materiais em ambientes eletrônicos, sob o controle do Estado e, como decorrência desse descaso, passaram de alguma forma a ser propriedade das grandes empresas que dominam o mercado e burlam os sistemas de regulação de muitos países, constituindo uma expressão de poder sem precedentes. Cada vez mais essas gigantes do mundo virtual induzem o que as pessoas devem ouvir, ler e fazer, seja em relação ao entretenimento seja quanto à formação, buscando controlar ações e reações individuais e coletivas.

Quanto às aulas, o que se apresenta como perspectiva salutar é a combinação de formas e estratégias, em alguns casos com a adoção do modelo semipresencial, porém, em maior escala, considerando as grandes limitações que não foram superadas, almeja-se que os sistemas educacionais ofereçam às escolas as condições estruturais para que o estabelecido no PNE seja alcançado plenamente, principalmente quanto à formação de professores.

Considerações finais

Vimos que a crise conjuntural expressa, de alguma forma, o conteúdo da crise estrutural que afeta a sociedade, e persiste enquanto não for enfrentada em sua totalidade. A crise estrutural que se arrasta desde a primeira década do século XXI, agravada pela pandemia, desnudou as contradições e mostrou o quanto é ingênuo pensar que apenas a disputa eleitoral, travada sobre as regras da democracia representativa burguesa, seja suficiente para mudar a dura realidade que aflige aos milhões de pessoas que se encontram na base da pirâmide social. Manifestações de massa, greves e todas as formas de luta são importantes, mas também insuficientes se forem realizadas de forma esporádica e esfacelada. É fundamental que se atente, pedagogicamente, para a necessidade de ampla compreensão da realidade, e que as soluções resultem de diálogos coletivos. Tanto em relação aos problemas gerais da sociedade quanto em relação às questões educacionais. Sobre este tema, as conferências municipais, estaduais e nacionais de educação são importantes espaços de reflexão e proposição. A primeira de âmbito nacional, realizada em 2010, debateu a Educação Básica, a Educação Superior, a redução das desigualdades e do desenvolvimento da inclusão social, sendo reafirmada a educação como direito social inalienável, cabendo ao Estado o cumprimento desse direito. E com atenção aos seguintes princípios: (1) Estado como garantidor do direito à educação de qualidade, organizando e regulando a educação nacional; (2) qualidade da educação, gestão democrática e avaliação; (3) democratização do acesso, permanência e sucesso escolar; (4) formação e valorização dos/das profissionais da educação; (5) financiamento da educação e controle social, e (6) justiça social, educação e trabalho: inclusão, diversidade e igualdade.

Reiteramos o entendimento da educação escolar como "ato de produzir direta e intencionalmente, em cada indivíduo singular, a humanidade que é produzida histórica e coletivamente pelo conjunto dos homens" (SAVIANI, 1995, p. 17) e que sua não efetivação aumenta a desigualdade, alimentando o círculo vicioso de marginalização e pobreza. Mesmo a educação sendo um direito constitucionalmente garantido e apesar das políticas públicas terem sido ampliadas nos últimos anos, o cumprimento do dever do Estado para com a oferta de escolaridade para todos ainda não se mostra suficiente. Diante de radicalismos que ameaçam vidas, Arroyo (2019) afirma que somos desafiados a buscar respostas, para que possamos enfrentar os dilemas e reafirmar as conquistas humanitárias, educacionais e éticas que caracterizam os estados democráticos e de direito.

Em um outro contexto de crise conjuntural, Dom Helder Camara (1977) utilizou a expressão "deserto fértil" para exortar os explorados a plantar as sementes destinadas à criação de um novo modo de produção e consumo justo, construtor da paz e respeitoso com a terra. No terreno onde reaparecem espinhos que causam dor e destruição, pela força das contradições, também vingam sementes de flores que simbolizam esperança.

Referências

ADRIÃO, T. & PINTO, J.M. "Privatização da educação na América Latina: Estratégias recentes em destaque". *Educação e Sociedade*, v. 37, n. 134, mar.-2016, p. 11-15. Campinas.

AGUIAR, M.A.S. "Avaliação do Plano Nacional de Educação 2001-2009: Questões para reflexão". *Educação e Sociedade*, v. 31, n. 112, 2010, p. 707-727. Campinas.

ANTUNES, R. *O privilégio da servidão* – O novo proletariado de serviços na era digital. São Paulo: Boitempo, 2018.

ARROYO, M. *Vidas ameaçadas* – Exigências-respostas éticas da educação e da docência. Petrópolis: Vozes, 2019.

BRASIL. Câmara dos Deputados. Comissão de Educação e Cultura. *Avaliação do PNE 2004-2006* – Avaliação do cumprimento das metas do Plano Nacional de Educação (PNE). Brasília: Centro de Documentação e Informação/Edições Câmara, 2011.

CÂMARA, H. *O deserto é fértil.* Rio de Janeiro: Civilização Brasileira, 1977.

COLARES, A.A. "Empresariamento da educação". In: LIMA, A.; REVITALI, F. & LUCENA, C. (orgs.). *Em defesa das políticas públicas.* Uberlândia: Navegando Publicações, 2020, p. 279-306.

FERRAZZO, G. et al. "O processo de inclusão/exclusão das pessoas com deficiência no contexto da reestrutura produtiva do capital". *Revista HISTEDBR on-line*, n. 61, 2015, p. 237-254. Campinas.

FRIGOTTO, G. *A produtividade da escola improdutiva* – Um (re)exame das relações entre educação e estrutura econômico-social capitalista. 9. ed. São Paulo: Cortez, 2010.

HOBSBAWM. E. *Sobre a história*. São Paulo: Companhia das Letras, 1998.

KUENZER, A.Z. "Exclusão includente e inclusão excludente: A nova forma de dualidade estrutural que objetiva as novas relações entre educação e trabalho". In: SAVIANI, D.; SANFELICE, J.L. & LOMBARDI, J.C. (orgs.). *Capitalismo, trabalho e educação*. Campinas: Autores Associados, 2002, p. 77-96.

LIBÂNEO, J.C. "Políticas educacionais no Brasil: Desfiguramento da escola e do conhecimento escolar". *Cadernos de Pesquisa*, v. 46, n. 159, 2016, p. 38-62.

LOMBARDI, J.C. & COLARES, A.A. "Escola pública, projeto civilizatório burguês *versus* práxis emancipadora". *Revista USP*, n. 127, 2020, p. 11-26 [disponível em https://www.revistas.usp.br/revusp/article/view/180014. Acesso em 22 fev. 2021].

MÈSZÁROS, I. *A crise estrutural do capital*. São Paulo: Boitempo, 2011.

_____. *Para além do capital* – Rumo a uma teoria da transição. São Paulo: Boitempo, 2002.

ORSO, P. "O novo coronavírus, a pedagogia histórico-crítica, a sociedade de classes e o internacionalismo proletário". *Revista Exitus*, v. 10, n. 1, 2020 [disponível em http://www.ufopa.edu.br/portaldeperiodicos/index.php/ revistaexitus/article/view/1432. Acesso em 15 jun. 2021].

SAVIANI, D. *Sistema Nacional de Educação e Plano Nacional de Educação* – Significado, controvérsias e perspectivas. Campinas: Autores Associados, 2014.

_____. *Pedagogia histórico-crítica* – Primeiras aproximações. 5. ed. São Paulo: Autores Associados, 1995.

SAVIANI, D. & SANFELICE, J.L. (orgs.). *Capitalismo, trabalho e educação*. 2. ed. Campinas: Autores Associados/HISTEDBR, 2004, p. 77-95.

SILVA, M.A. "O Consenso de Washington e a privatização na educação brasileira". *Linhas críticas*, v. 11, n. 21, 2005, p. 255-264.

TRAINA, J.M. & CALDERÓN, A.I. "A expansão da educação superior privada no Brasil: Do governo de FHC ao governo de Lula". *Revista Iberoamericana de Educación Superior*, v. 6, n. 17, 2014, p. 78-100 [disponível em https://doi.org/10.1016/j.rides.2015.10.004. Acesso em 30 jan. 2021].

Sites consultados

https://www.cartacapital.com.br/sociedade/desigualdade-brasil-tem-a-2a--maior-concentracao-de-renda-do-mundo. Acesso em 20 dez. 2020.

https://www.cnnbrasil.com.br/internacional/2020/12/15/veja-o-ranking--completo-de-todos-os-paises-por-idh. Acesso em 29 dez. 2020.

https://www.ipea.gov.br/portal/index.php?option=com_content&view=article&id=30713. Relatório sobre desenvolvimento humano. Acesso em 10 dez. 2020.

II
As políticas educacionais vigentes

2
O impacto das políticas públicas na formação de professores

Maria José de Pinho
Jocyléia Santana dos Santos
Tania Suely Azevedo Brasileiro

Introdução

Nas últimas décadas do século XX, concomitante com as reformas educacionais, vários estudos destacam a formação e a profissionalização docente como primordiais para a melhoria da qualidade de ensino. Isso, entretanto, implica gestão, ações e políticas a serem discutidas com professores, alunos e sociedade em geral.

Algumas questões precisam ser refletidas: a quem interessa e/ou interessou esse tipo de escola? É por meio da escola que temos a educação sistemática, a educação para a vida e por meio da vida. Esse processo nos singulariza e nos dá historicidade no mundo.

Diante deste fato, é elementar que políticas públicas sejam implementadas para formação de professores. No Brasil, a questão do preparo de professores emerge de forma explícita após a independência, quando se cogita da organização da instrução popular. Se o problema da formação de professores se reconfigurou a partir do século XIX, isso não significa que o fenômeno da formação de professores tenha surgido apenas nesse momento. Antes disso havia escolas, tipificadas pelas universidades instituídas desde o século XI e pelos colégios de humanidades que se expandiram a partir do século XVII. Ora, nessas instituições havia professores e estes deviam, por certo, receber algum tipo de formação. Ocorre que, até então, prevalecia o princípio do "aprender fazendo", próprio das corporações de ofício (SANTONI RUGIU, 1998).

Sobre a formação e profissionalização docente, Dourado (2001, p. 72) enfatiza:

> A situação docente no Brasil caracteriza-se, historicamente, por insuficiente formação inicial, por baixos salários e precárias condições de trabalho, o que tem possibilitado, entre outros, um processo de aguda proletarização docente.

Segundo Kishimoto (1999, p. 176), "as reformas adotadas em curso têm consolidado um modelo de formação que segue de perto as orientações de instituições internacionais de financiamento da educação no Brasil". Esse modelo, na visão de Pérez Gómez (1998, p. 353), está baseado na "perspectiva técnica, segundo a qual o professor é concebido como um técnico [que] deve dominar as aplicações do conhecimento científico produzido por outros, transformando esse conhecimento em regra de atuação".

Para esses autores, investe-se na formação de professores da Educação Básica através de vários programas, com as mais diversas denominações (treinamento em serviço, aperfeiçoamento docente, capacitação docente, educação continuada, formação em serviço etc.), mas com pouquíssimas alterações em termos de concepção.

Nessa perspectiva, verifica-se contraditoriamente uma preocupação com a melhoria da qualidade do ensino da Educação Básica, exposto por exemplo na Carta de Jomtien[1], e, ao mesmo tempo, na

---

1 Essa Carta é resultado da Conferência de Jomtien, que ocorreu na Tailândia, em março de 1990, convocada pelos seguintes organismos internacionais: Unesco, Unicef, Pnud e Banco Mundial.

legislação, especificamente na Lei de Diretrizes e Bases da Educação Nacional. Essa lei, ao tratar da formação inicial do professor, aponta políticas que levam ao aligeiramento e à flexibilização da formação, em decorrência das especificidades que o quadro educacional brasileiro apresenta. Dentre eles se destacam: o baixo índice de aprendizado; o número ainda elevado de analfabetos, inclusive o funcional; a distorção entre idade e série; a evasão e a repetência ainda marcantes na realidade escolar do Brasil.

Esse círculo vicioso, em que se verifica uma interdependência entre a qualidade do ensino na Educação Básica e a formação do professor, se ancora na ideia, baseada na "teoria do capital humano", de que a função da escola se reduz à formação de recursos humanos para o mercado. Araújo (2008, p. 63) fortalece esse raciocínio ao afirmar que:

> Em decorrência das transformações no mundo do trabalho, da reedição da Teoria do Capital Humano e por influência das orientações neoliberais, a política governamental põe a educação em posição de centralidade para a incorporação da sociedade no processo de produção. Com isso, estabelece-se uma prerrogativa da função docente como um dos elementos centrais para o cumprimento desse processo produtivo, o qual passa a ser, juntamente com a escolarização formal, pedra angular nesse processo.

Essa lógica determinista aponta a necessidade de repensar a formação inicial e continuada, tendo como eixo de análise as políticas de formação. No entanto, os debates sobre o tema privilegiam as denúncias do caráter pragmático e clientelista dos projetos oficiais, em que se constatam a diminuição do tempo dos cursos de formação de professores e, consequentemente, a possibilidade de expansão do setor privado nessa área de formação.

A importância dada à questão da formação, pelas políticas atuais, tem por objetivo elevar a qualidade da educação nos países em desenvolvimento. Segundo Freitas (1999), essa qualidade acaba privilegiando a capacitação em serviço e estimulando as modalidades à distância. Desse modo, assiste-se à definição de medidas, na área de formação, que visam a elevação do nível de escolaridade dos professores que atuam nas primeiras séries do Ensino Fundamental. Para alcançar tais objetivos, as seguintes medidas foram implementadas: a regulamentação que estabelece a complementação pedagógica de qualquer graduado para atuar na Educação Básica; o advento do Curso Normal Superior; a regulamentação dos cursos sequenciais e a elaboração das diretrizes curriculares.

Posterior à LDB, o Decreto n. 3.860, de 9 de julho de 2001, estabeleceu que as Instituições de Ensino Superior poderiam assumir diferentes formatos: universidades, centros universitários, faculdades integradas, faculdades e institutos superiores ou escolas superiores. Na opinião de Freitas (1999, p. 20), "com essas distinções, e mantendo-se a exigência da pesquisa apenas nas universidades, institucionaliza-se a distinção entre universidade de ensino e universidade de pesquisa".

A LDB, todavia, garantia uma diversidade de espaços de formação, possibilitando ao MEC, através do Conselho Nacional de Educação (CNE), a formulação de novas proposições para essa formação. Para tal foram previstos os Institutos Superiores de Educação, cuja tarefa era a de formar professores para atuar na Educação Básica e a de proporcionar formação pedagógica aos portadores de diplomas de educação superior. Voltava-se, assim, aos antigos esquemas I e II, bem como à formação continuada em diversos níveis. Convém ressaltar que essa iniciativa já havia sido rechaçada no VIII Encontro Nacional da Anfope (1996, p. 19), que a considerava "desvinculada da pesquisa e da extensão, centrada no ensino, subtraída da ambiência universitária, além de contrariar as políticas de valorização e profissionalização do magistério".

O Instituto Superior de Educação foi concretizado através do Parecer n. 115/99, da Câmara de Ensino Superior (Cesu/CNE), como instituição de ensino de caráter técnico-profissional. Esse formato coloca-o numa situação inferior em relação às demais instituições. A exigência de qualificação do corpo docente, por exemplo, é de apenas 10% de mestres e doutores, enquanto nas universidades o percentual sobe a 30%. No instituto, a prática de ensino é o núcleo da formação do professor, não sendo obrigatório o desenvolvimento de pesquisa e extensão, como na universidade.

Na verdade, essa abertura na legislação possibilitou que o governo e os empresários do ensino criassem esses cursos como forma de baratear custos e de atender às determinações legais no tocante à habilitação de professores em nível superior. As consequências já são por demais conhecidas: a privatização desenfreada do ensino, o aligeiramento da formação pela simples capacitação técnica.

Outra medida discriminatória em relação aos cursos de formação de professores é a Resolução CP n. 1, de 30 de setembro de 1999, de acordo com a qual a carga horária mínima seria de 3.200 horas, podendo, com base na experiência e na formação anterior dos alunos, ser reduzida para até 1.600 horas. Em 2002, com a revogação dos § 2º e 5º do art. 6º, do § 2º do art. 7º e do § 2º do art. 9º da Resolução CP n. 1, pela Resolução CNE/CP n. 2, de 19 de fevereiro de 2002, a carga horária mínima passou a ser de 2.800 horas, podendo ser reduzida, caso o aluno exerça atividade docente regular na Educação Básica, a 200 horas.

Ao implementar os Institutos Superiores de Educação, o CNE regulamentou a formação de professores de Educação Infantil de 1ª a 4ª séries no Curso Normal Superior; em seguida, através do Parecer n. 970/99, sugeriu que a habilitação para o magistério em Educação Infantil e séries iniciais fosse realizada exclusivamente no Curso Normal Superior, retirando, portanto, do curso de Pedagogia uma tarefa que este já desenvolve desde a década de 1930 (KISHIMOTO, 1999). Em face desse parecer, as entidades representativas dos educadores deram início a acalorados debates sobre a questão. Nesse ínterim, o governo assinou o Decreto n. 3.276, que regulamenta a proposta do Parecer n. 970/99 sem nenhuma alteração. Para pedir a revogação do decreto, a Anfope deu entrada no PDL n. 385, na Comissão de Desporto e Cultura da Câmara. Aprovado, o projeto de lei foi encaminhado ao Senado.

Diante da pressão dos educadores, o governo baixou o Decreto n. 3.554/2000, em que substitui o termo "exclusivamente" por "preferencialmente":

> § 2º – A formação em nível superior de professores para a atuação multidisciplinar, destinada ao magistério na Educação Infantil e nos anos iniciais do Ensino Fundamental, far-se-á, preferencialmente em curso normal superior.

Desse modo, o curso de Pedagogia podia voltar a formar professores para atuar na Educação Infantil e nas séries iniciais do Ensino Fundamental. Portanto, a mesma lei que garantiu avanços permitiu, de outra forma, um retrocesso. Se, por um lado, a formação de professores para atuar na Educação Infantil e Ensino Fundamental exige a formação em nível superior, por outro, limita seu espaço quando determina que é exclusivo dessa etapa do ensino e impede a atuação em outras séries e em atividades de coordenação, supervisão e gestão.

É impossível não reconhecer que a determinação da LDB garantiu os espaços necessários para a institucionalização de políticas educacionais que já vinham sendo gestadas em governos anteriores. Ao lançarem mão de decretos, resoluções e pareceres, de certa forma efetivaram a reforma no âmbito da formação do professor para a Educação Básica.

Dentre as principais medidas estabelecidas em relação à formação do professor destacam-se: (a) o revigoramento dos antigos esquemas I e II; (b) a regulamentação do Curso Normal de Nível Médio; (c) a regulamentação dos Institutos Superiores de Educação para a formação dos professores da Educação Básica; (d) a prescrição do Curso Normal Superior como espaço prioritário da formação do professor da Educação Infantil e das séries iniciais do Ensino Fundamental; (e) as diretrizes curriculares para os cursos de formação de professores.

Ao regulamentar os Institutos Superiores de Educação, a LDB, entretanto, centraliza a formação dos professores, subestimando o papel exercido pelas faculdades/centros de educação. Da mesma forma ignora as experiências bem-sucedidas de formação de professores, já desenvolvidas e em desenvolvimento, nas várias regiões do país.

Para dificultar ainda mais uma proposta de unidade ou de uma base comum de formação dos professores, existem, atualmente, quatro tipos de formação de professores em nível superior: o curso de Pedagogia; os cursos de complementação pedagógica[2] – Resolução n. 2/97; o Curso Normal Superior e os cursos de licenciatura, que poderão ser oferecidos em diferentes espaços e modalidades (presencial, à distância, modular, semipresencial, sequencial etc.).

Em meio a essa situação, havia a determinação da LDB de que "até o fim da Década da Educação somente seriam admitidos professores habilitados em nível superior ou formados por treinamento em serviço" (LDB, art. 87, § 4º), o que levou os sistemas de ensino estaduais e municipais a uma grande corrida para cumprir com o disposto na lei. Estabeleceram-se, então, convênios com as universidades, para que estas oferecessem cursos de graduação para formação de professores da Educação Básica. Esses cursos, porém, utilizam, muitas vezes, o regime modular, com carga horária e currículo diferentes dos cursos de licenciatura regulares.

Mesmo considerando as urgências e as dificuldades financeiras nos processos de formação, percebe-se nas propostas oficiais para formação de professores uma preocupação com a habilitação rápida

---

2 Através do art. 63, I, da LDB, pode ser professor todo portador de diploma de curso superior que "queira se dedicar à Educação Básica" – Esquemas I e II.

e barata. Afinal, o número de professores sem a formação mínima exigida é grande, o que resulta em um processo muito mais de titulação do que de qualificação. Constitui-se, também, em última instância, em uma resposta aos acordos firmados no contexto internacional. Nesse panorama, é claro, legitimam-se as desigualdades. Por falta de oportunidades, a grande maioria dos que concluem a educação superior tem estudado em instituições cuja formação se dá em modalidades frágeis – em que não se valoriza a produção do conhecimento através da pesquisa –, numa perspectiva exclusivamente emergencial e excludente.

Em novembro de 2019, o Conselho Nacional de Educação (CNE) aprovou uma resolução em que definiu as novas Diretrizes Curriculares Nacionais (DCN) para a formação inicial de professores para a Educação Básica. Segundo o órgão este documento traz um conjunto de normas obrigatórias que orientam a criação e a organização dos cursos de Pedagogia e Licenciaturas nas Instituições de Ensino Superior (IES) públicas e privadas.

Alguns pontos devem ser destacados, como, por exemplo, a formação pedagógica para graduados não licenciados – também conhecida como "complementação pedagógica" – é um curso oferecido para bacharéis que buscam obter habilitação para atuar como professor da Educação Básica. As DCN aprovadas reduziram drasticamente a carga horária total desses cursos, que passou de 1.400 horas (com possibilidade de aproveitamento de 400 horas) para 760 horas (sem possibilidade de aproveitamento). Conforme apontado pelo *Todos pela Educação* durante a etapa de consulta pública, essa redução de quase 50% do tempo gera grande preocupação, por cinco principais razões:

1) A redução da carga horária para esse tipo de formação não encontra respaldo em outras experiências internacionais. Em outros países, a carga horária para a complementação pedagógica é semelhante a um mestrado profissional – por exemplo, no

Chile é de 1.080 horas, na Finlândia, 1.560 horas e, em Portugal, 3.120 horas.

2) Não existe um sistema de regulação que garanta um patamar mínimo de qualidade para esses cursos. Eles não são avaliados pelo Instituto Nacional de Estudos e Pesquisas Educacionais Anísio Teixeira (Inep) e os concluintes não fazem o Enade. Além disso, os cursos podem ser oferecidos por qualquer IES, mesmo que esta não tenha o curso de graduação correspondente.

3) Essa medida vai na contramão do objetivo da resolução aprovada, que propõe a valorização e profissionalização da docência. Com essa nova carga horária, em menos de um ano um graduado em qualquer área se habilita para se tornar docente. Assim, reforça-se a visão de que qualquer profissional possa ser professor e que a docência não requer um conjunto de conhecimentos específicos que são complexos e necessitam de tempo e prática para serem adquiridos.

4) Independentemente da primeira graduação do indivíduo e de experiências prévias, a carga horária exigida é a mesma. Por exemplo: um bacharel em matemática que já é professor há anos e um bacharel em administração que nunca deu aula cursam as mesmas 760 horas para obter a formação pedagógica em matemática.

5) Diferente do que se imagina, são poucos os atuais professores que precisariam de formação pedagógica para passar a ter formação adequada para a docência. Nos anos finais do Ensino Fundamental e no Ensino Médio, por exemplo, aproximadamente 6% dos atuais docentes são bacharéis que não possuem formação pedagógica. A medida, logo, não se justifica.

Ante esse cenário, debates foram organizados por entidades vinculadas à educação brasileira, como a Anfope, a Anped, Andipe, Anpae, ABdC, entre outras; o curso de Pedagogia poderá ser reduzido ao ensino como prática e adaptada às expectativas de mercado.

De acordo com a Anfope, "as 'novas' Diretrizes Nacionais Curriculares e a BNC–Formação descaracterizam os cursos de licenciatura e empobrecem a qualidade da formação de professores. Para a entidade, pode se inferir impactos nocivos sobre a Educação Básica, que constituem mais um grave retrocesso nas políticas educacionais" (ANFOPE, 2020).

As novas diretrizes, publicadas em 2019, evidenciam a sintonia com a Base Nacional Comum Curricular da Educação Básica. Convém ressaltar que a Resolução CNE/CP n. 2/2019 trata da formação inicial de professores, ainda que citada ao longo do texto, em apenas três incisos, a formação continuada deixa de ser o foco da diretriz. Segundo o CNE, a formação continuada terá uma resolução específica. Tal mudança rompe com a organicidade que se buscou constituir com a Resolução CNE/CP n. 2/2015 e traz perdas para a articulação entre a formação inicial e continuada e entre universidade e as escolas da Educação Básica. Da mesma forma, a valorização profissional, que possuía um capítulo na Resolução de 2015, fica reduzida a um inciso no texto atual.

Diante dessa dualidade, Kuenzer (2007, p. 1.170), ao comentar a estratégia usada para disponibilizar/negar o conhecimento, afirma que:

> Ao invés da explícita negação das oportunidades de acesso à educação continuada e de qualidade, há uma aparente disponibilização das oportunidades educacionais, por meio de múltiplas modalidades e diferentes naturezas, que se caracterizam por seu caráter desigual e, na maioria das vezes, meramente certificatório, que não asseguram domínio de competências cognitivas complexas vinculadas à autonomia intelectual ética e estética.

Além das inequívocas reflexões de Kuenzer, percebe-se, por parte do atual governo, a continuidade das políticas de formação focalizadas e aligeiradas, reafirmando modalidades de formação duvidosas ou nem sempre desejáveis. Vale como exemplo o caso da educação à distância, que passou a ser considerada, legalmente, como uma das estratégias de acesso à educação. É o que pode ser verificado na LDB, art. 80, no título VIII: "Das disposições gerais": "O Poder Público incentivará o desenvolvimento e a veiculação de programas de ensino à distância, em todos os níveis e modalidades de ensino, e de educação continuada". O § 4º complementa: "A educação à distância gozará de tratamento diferenciado, que incluirá custos de transmissão reduzidos em canais comerciais e [...] concessão de canais com finalidades exclusivamente educativas".

Outras políticas para professores

Este contexto de (re)formulações, de diferentes circunstâncias sócio-históricas, provocam e intensificam os embates tanto de cunho teórico (científico) e pedagógico (diretrizes curriculares) e refletem as produções/construções das políticas públicas da Educação Básica brasileira, especialmente após a promulgação e implementação da Base Nacional Comum Curricular (doravante BNCC) no país.

Assim, diante da complexidade das questões que circundam a formulação e a implementação da BNCC nos estados brasileiros – tendo em vista que o documento norteia os currículos e as práticas pedagógicas, impacta o cotidiano escolar de mais de 50 milhões de estudantes e de 2,2 milhões de professores em mais de 186 mil escolas particulares e públicas da Educação Básica em todo o país, conforme Inep (2017) –, se deve verificar também, a implementação da BNCC no estado do Tocantins, a partir do Seminário Estadual promovido pela União Nacional dos Dirigentes Municipais de Educação (Undime) com o título de "BNCC para a Educação Infantil, o Ensino Fundamental e o Ensino Médio" (BRASIL, 2017).

A BNCC (BRASIL, 2018) anuncia ser um documento de caráter normativo, que define o conjunto orgânico e progressivo de aprendizagens essenciais que todos os alunos devem desenvolver ao longo das etapas e modalidades da Educação Básica, de modo que tenham assegurados seus direitos de aprendizagem e desenvolvimento, e ainda afirma estar em conformidade com o que preceitua o Plano Nacional de Educação (PNE), a Lei de Diretrizes e Bases da Educação Nacional (LDB) n. 9.394/1996 e as Diretrizes Curriculares Nacionais da Educação Básica (DCN).

A publicação apresenta a BNCC como referência nacional para a formulação dos currículos dos sistemas e das redes escolares dos estados, do Distrito Federal e dos municípios, além das propostas pedagógicas das instituições escolares. Anuncia que a BNCC integra a política nacional da Educação Básica e que esta contribuirá para o alinhamento de outras políticas e ações, em âmbito federal, estadual e municipal, referentes à formação de professores, à avaliação e elaboração de conteúdos educacionais e aos critérios para a oferta de infraestrutura adequada para o pleno desenvolvimento da educação.

A educação é constitucionalmente um direito fundamental de todos e dever do Estado e da família, e conforme previsto no art. 215 (BRASIL, 1988), "será promovida e incentivada com a colaboração da sociedade, visando o pleno desenvolvimento da pessoa, seu preparo para o exercício da cidadania e sua qualificação para o trabalho". O art. 210 estabelece que "serão fixados conteúdos mínimos para o Ensino Fundamental, de maneira a assegurar formação básica comum e respeito aos valores culturais e artísticos, nacionais e regionais" (BRASIL, 1988).

Tudo parece de acordo com a legalidade, o que não quer dizer que a BNCC esteja em conformidade com as discussões e debates no seio das entidades profissionais de docentes e comunidade em geral. Ao analisar os possíveis impactos das medidas previstas na BNCC sobre o currículo e a qualidade da educação, temos dois pontos. Um deles refere-se à característica ambígua do documento. Ao mesmo tempo em que afirma que a Base não é o currículo, mas sim uma diretriz para a elaboração deste, o texto entra em minúcias acerca das finalidades e objetivos do ensino. Há aí uma inversão. Existe uma consolidada crítica à visão tradicional dos currículos organizados por objetivos. E a BNCC insiste em consolidar essa visão de desenvolvimento curricular, ignorando que é na dinâmica da cultura que as seleções são feitas, de modo que sejam socialmente válidas para a comunidade de estudantes e educadores, conferindo sentidos ao processo educativo (UNICAMP, 2020).

A segunda questão está diretamente relacionada à primeira: diz respeito à qualidade da educação. Ao vincular a qualidade às avaliações sistêmicas, o documento coloca em segundo plano a expressividade do processo de escolarização. Em outras palavras, a ideia em questão tira o cotejo da aprendizagem do encontro pedagógico, que é algo que pode modificar qualitativamente a vida das pessoas, e o coloca sobre o resultado. Isso produz uma estandardização da educação, baseada em uma visão também padronizada de qualidade.

O debate acerca das políticas públicas e currículo no Brasil, no ano de 1997, teve a inserção dos Parâmetros Curriculares Nacionais da Educação Básica; 13 anos depois, as plenárias da Conferência Nacional de Educação (Conae) colocam em pauta a necessidade de se construir Bases Nacionais Comuns (BNC) como meta do PNE (2014-2024), no intuito de melhorar a qualidade da Educação.

A homologação da BNCC para a Educação Infantil e o Ensino Fundamental se deu em 20 de dezembro de 2017, mas para se chegar ao texto final o processo passou por diversos debates e embates. A primeira versão foi disponibilizada para consulta pública entre outubro de 2015 e março de 2016, no governo Dilma Rousseff, e contou com 12 milhões de contribuições. A segunda versão foi publicada em 3 de maio de 2016, período turbulento entre o *impeachment* da Presidenta Dilma Rousseff e a posse interina de Michel Temer. Nessa versão, o documento foi apreciado por nove mil contribuições nas unidades federativas por meio de seminários estaduais coordenados pelo Consed e pela Undime, entre junho a agosto de 2016, período no qual foram elaborados relatórios estaduais, que posteriormente foram sistematizados pela Universidade de Brasília (UnB) e pela Pontifícia Universidade Católica do Rio de Janeiro (Puc-RJ), sendo assim encaminhados para o Comitê Gestor da BNCC, instituído pela Portaria n. 790/2016 do Ministério da Educação (MEC). A segunda versão da BNCC também foi apreciada por especialistas nacionais e estrangeiros. A terceira e última versão foi entregue ao Conselho Nacional de Educação (CNE) pelo MEC e contou com cinco audiências públicas no CNE, entre janeiro e março 2017, tendo sido homologada em 20 de dezembro de 2017, no governo Michel Temer.

Em 2018, o governo lança o guia[3] de implementação, elencando sete ações ou fases necessárias à efetivação da Base nos estados. Destacam-se duas ações que foram essenciais para a efetivação desta pesquisa: 1) a (re)elaboração dos currículos de cada Estado e 2) a formação continuada dos profissionais da educação. Nesse sentido, cada Estado deveria (re)estruturar seus currículos contendo 60% da BNCC como referência e 40% direcionado às ações pedagógicas locais, vivências e valorização das práticas sociais, logo forma-se a parte do currículo de flexibilização de acordo com as temáticas regionais (BRASIL, 2018).

Dedicamos o entendimento de percurso da BNCC por ser um documento que é composto por proposições que regem o sistema educacional e norteiam práticas pedagógicas dos professores.

Percurso e construção da base curricular

A constituição de uma base curricular e os caminhos que são percorridos para a consolidação de um documento nomeado como uma política educacional, nos leva a pensar em primeiro plano a no-

---

3 Construído por MEC/Consed/Undime/FNCEE/Uncme.

ção do que é uma política educacional. Nesse caso, política educacional é como um programa de ação – um fenômeno que se produz no contexto das relações de poder que são expressas pela política.

Por esse ângulo, pode-se classificar a BNCC como uma ação de política curricular brasileira, sendo resultado de um processo histórico e de (re)formulações e como um documento balizador que configura a educação brasileira. Então, embora a BNCC tenha sido divulgada e homologada em 2018, sua construção se inicia desde a Constituição Federal (CF) de 1988.

Dessa forma, a CF (1988) se torna um marco legal da necessidade da criação de uma base com a justificativa de "promover equidade nos sistemas de ensino, isto é, de promover o direito de aprendizagem da totalidade dos estudantes" (BRASIL, 2017, p. 1). Tem-se, desse modo, orientações, conforme o art. 210, para a "fixação de conteúdos mínimos para o Ensino Fundamental, maneira a assegurar a formação básica comum e respeito aos valores culturais e artísticos, nacionais e regionais" (BRASIL, 1988, p. 71).

A Constituição assinala, ainda em seu art. 205, que "a educação é um direito de todos e dever do Estado e da família, será promovida e incentivada com a colaboração da sociedade, visando ao pleno desenvolvimento da pessoa, seu preparo para o exercício da cidadania e sua qualificação para o trabalho" (BRASIL, 1988, p. 23). Nessa perspectiva, o documento assegura diversas garantias constitucionais, com a finalidade de fornecer a ampliação e a efetividade aos direitos fundamentais, como por exemplo, o direito a uma educação obrigatória e gratuita desde a Educação Infantil.

A partir de 1988, a escola passa a ter mais responsabilidade pela garantia do aprendizado da Educação Infantil ao Ensino Médio, embora a ideia de Educação Básica tenha sido consolidada posteriormente pela LDB de 1996. Surgem, então, políticas públicas, de diferentes graus de adesão pela União, como o PNE e a BNCC. Tais políticas são entendidas como "a totalidade de ações, metas e planos que os governos (nacionais, estaduais ou municipais) traçam para alcançar o bem-estar da sociedade e o interesse público" (CALDAS, 2008, p. 5). Vale frisar que, no aspecto legislativo, a educação brasileira é uma das áreas que mais possui normas e apropriação de ideias (SAVIANI, 2008).

De acordo com a LDB, a Educação Básica "é o primeiro nível do ensino escolar no Brasil. Compreende três etapas: a Educação Infantil (para crianças com até 5 anos), o Ensino Fundamental (para alunos de 6 a 14 anos) e o Ensino Médio (para alunos de 15 a 17 anos)" (BRASIL, 1996, p. 15).

No art. 26 da LDB, pode-se perceber a sinalização da importância de um currículo a ser contemplado em uma base nacional comum, respeitando cada sistema de ensino em seus aspectos culturais, econômicos e regionais (BRASIL, 1996). Outro indício é no § 1º do art. 1º da LDB, em que há a definição de conhecimentos e competências que se espera que todos os estudantes desenvolvam ao longo da escolaridade. Nota-se, desse modo, que tanto a LDB quanto a CF (1988) reforçam um conjunto de habilidades a serem desenvolvidas entre as etapas de ensino, valorizando os aspectos regionais e as práticas sociais dos educandos a partir de uma base curricular.

Outro documento que subsidiou a criação de uma base comum foi o PNE, por meio do Parecer CNE/CEB n. 7/20109, no ano de 2014, Lei n. 13.005/2014. Este documento legal é marcado "pela construção coletiva dos brasileiros ligados à educação, que afirma a importância de estabelecer e implantar, mediante pacto interfederativo entre União, estados, Distrito Federal e municípios" e pelas diretrizes pedagógicas para a Educação Básica e a base nacional comum dos currículos, com "direitos e objetivos de aprendizagem e desenvolvimento dos(as) alunos(as) para cada ano do Ensino Fundamental e Médio, respeitadas as diversidades regional, estadual e local" (BRASIL, 2014, p. 54).

Com a criação do PNE, estabeleceram-se metas a serem cumpridas num espaço de 10 anos, dentre elas, tem-se a efetivação da BNCC, que é mencionada na CF (1988) e na LDB (1996). Tais documentos vêm enfatizando a necessidade de orientar os sistemas de ensino quanto aos conteúdos mínimos para o Ensino Fundamental, de maneira a assegurar formação básica comum, modificando, portanto, a estrutura curricular no Brasil (BRASIL, 2017).

De modo mais específico, tem-se as metas 2, 3 e 7 que sinalizam a elaboração da Base para promover a qualidade da educação e tem como foco a aprendizagem ativa como estratégia em todas as etapas e modalidades (BRASIL, 2014). Assim, as políticas públicas voltadas para a Educação Básica estão intrinsicamente interligadas na construção das diretrizes e elaboração dos documentos normalizadores para os segmentos de ensino, embora tenham condições de produção diferentes para atender interesses específicos de cada época.

Dourado (2015) sinaliza que a elaboração da BNCC não foi só uma exigência da CF (1988), da LDB (1996) e de três das metas do PNE (2014-2024), mas também dos organismos internacionais. O autor explica que o processo de produção e organização reuniu membros de associações científicas representativas das diversas áreas do conhecimento de universidades públicas, do Consed, da Undime e, fundamentalmente, representantes dos aparelhos privados de hegemonia da classe empresarial que compõem a organização não governamental (ong) *Movimento pela BNCC*, bem como organizações internacionais.

Na versão de Veiga (2018), a Base Nacional Comum Curricular do Ensino Fundamental foi elaborada por uma lógica empresarial da educação que recupera a formação de competências e habilidades, como concepção orientadora, predominante nas políticas curriculares da década de 1990, expressão da intenção de padronizar o que se deve ser ensinado nas escolas públicas, desconsiderando-se as discussões instituintes de entidades acadêmico-científicas e profissionais da educação, bem como a diversidade cultural do país.

Com toda essa configuração para a constituição de uma base, é válido destacar que o documento apresenta "novas vozes e interesses no processo político", como sustenta Ball (2013, p. 177). O autor nos situa, também, sobre o ciclo[4] e contextos de políticas educacionais, são eles: o contexto de influência, o contexto da produção do texto, o contexto da prática, o contexto dos resultados (efeitos) e o contexto da estratégia política. De modo particular, conforme Ball (2013), a consolidação de uma base comum é como uma fábrica com várias etapas e diferentes profissionais e funções; assim, o produto é fruto de acordos e de disputas hierarquizadas. Com efeito, a BNCC tem com predominância o contexto de influência e na produção de texto.

Tal posicionamento nos leva a pensar que a criação de políticas públicas, uma base nacional, é um "constante processo de empréstimo e cópia de fragmentos e partes de ideias de outros contextos, de uso e melhoria das abordagens locais já tentadas e testadas, de teorias ultrapassadas de investigação, de adoção de tendências e modas" (BALL, 2010, p. 38), podendo ou não funcionar. Dessa forma, em sua maioria, há uma supervalorização de contextos e modelos exteriores aos do país, sobrepondo a realidade local e se distanciando da efetivação, visto que uma oferta e criação não é sinônimo de êxito e qualidade de ensino.

Avançando no percurso, em 2010, segundo informações no site do MEC, especialistas discutiram os direcionamentos da Educação Básica e salientaram a necessidade da Base Nacional Comum como parte do PNE. Em 2015, foi realizado o I Seminário Interinstitucional para a elaboração da Base que reuniu assessores e especialistas. A primeira versão foi finalizada em março de 2016, entretanto, as discussões objetivando sua elaboração não cessaram e seminários com professores, gestores e especialistas, abertos à participação pública, foram realizados por todo o Brasil.

---

4 É um método para a pesquisa de políticas educacionais proposto por Stephen J. Ball e Richard Bowe (1992).

O resultado incidiu na elaboração da segunda versão da BNCC, publicada em 2016. Após discussões acerca dessa versão, o processo resultou na elaboração da terceira e última versão do documento (BRASIL, 2017a). Essa versão final foi entregue em meados de 2017 e aprovada pelo CNE em dezembro do mesmo ano, ficando pendente apenas a parte referente à etapa do Ensino Médio, publicada no primeiro semestre de 2018.

Podemos reafirmar que a construção da base teve influência e sinalizações desde 1988, além de embasamentos com a LDB e os Parâmetros Curriculares Nacionais (PCN). Nos anos entre 2015 e 2017, observa-se a publicação de três versões para finalmente ter a homologação em 2018. As versões foram sendo (re)elaboradas a partir de consultas públicas (on-line) e marcadas por seminários. Tal contexto provocou mobilizações e tensões de diversas ordens de saberes e poderes, visto que a implantação de uma nova política, além de trazer impactos, modifica o sistema de ensino, não apenas o currículo. Vale destacar que entre uma consulta e revisão das versões o tempo-espaço foi considerado curto, com acessos restritos.

Com efeito, cria-se a BNCC sendo um documento de "caráter normativo que define o conjunto orgânico e progressivo de aprendizagens essenciais que devem ser desenvolvidas na Educação Básica" (BRASIL, 2018, p. 7). A Base torna-se, então, o documento de

> [...] referência nacional para a formulação dos currículos dos sistemas e das redes escolares dos estados, do Distrito Federal e dos municípios e das propostas pedagógicas das instituições escolares, a BNCC integra a política nacional da Educação Básica e vai contribuir para o alinhamento de outras políticas e ações, em âmbito federal, estadual e municipal, referentes à formação de professores, à avaliação, à elaboração de conteúdos educacionais e aos critérios para a oferta de infraestrutura adequada para o pleno desenvolvimento da educação (MEC, 2018, p. 8).

Em consonância, Dourado (2016) descreve a BNCC como: práticas de controle e tentativa de homogeneidade, consoante às políticas neoliberais, vinculadas às políticas de avaliação. Também a descrevem como instrumento de regulação, reprodução da experiência internacional e que grande parte dos educadores se posicionaram contra sua organização, princípios, elaboração e implantação.

Por outro lado, considera-se que a defesa de uma base nacional comum para o currículo tem funcionado como uma das muitas promessas de dar qualidade à educação para diferentes grupos da sociedade. Veiga (2018) pondera que precisamos resistir às políticas curriculares homogeneizadoras, centralizadoras e fragmentadoras e ao individualismo. É salutar que compreendamos o que está invisível ou oculto na BNCC e, senão o fizermos, as nossas possibilidades serão poucas para questioná-la.

O "currículo é produto das tensões, conflitos e compromissos culturais, políticos e econômicos que organizam e desorganizam um povo" (APPLE, 2000, p. 125). A BNCC potencializa a centralização do currículo. A formação dos profissionais da educação de forma continuada na e pela escola deve descentralizar e tornar temas de estudos a realidade cotidiana escolar.

Portanto, o processo de organização curricular precisa ser repensado e reconfigurado por meio do envolvimento coletivo e participativo dos que trabalham na escola. Isto supõe uma análise crítica da BNCC, calcada no aplicacionismo instituído de forma vertical e ditatorial para legitimar a política pública. As decisões autoritárias caracterizam o sistema de educação com burocratização, controle, fragmentação e prejudicam a organização curricular (VEIGA, 2018, p. 59).

Temos um desafio: como está sendo a implementação da base comum no estado do Tocantins? Assim, apresenta-se no próximo item as etapas da implantação do documento na Educação Básica, seja no aspecto curricular, pedagógico ou nas formas de aprender e ensinar.

A BNCC no estado do Tocantins

Múltiplos são os olhares sobre o percurso da BNCC no estado do Tocantins; de modo mais específico, os caminhos históricos, políticos e pedagógicos da política pública. Desse modo, entende-se que a educação não é um processo neutro, sendo assim, não pode ser desligada do processo político (FREIRE, 2005). Logo, abordar políticas públicas educacionais é evidenciar um processo com uma trajetória de construção coletiva que envolve o campo curricular, que é permeado de relações de poder.

O Seminário Estadual de Implementação da Base Nacional Comum Curricular promovido pela Undime em Tocantins ocorreu no dia 8 de novembro de 2018, na Escola de Tempo Integral Padre Josimo, em Palmas, e teve alguns objetivos, tais como: apresentar o processo de construção do Documento Curricular do Tocantins; propor a agenda de implantação para o ano de 2019; orientar os dirigentes municipais de educação do estado do Tocantins e equipes técnicas acerca do processo de (re)elaboração dos currículos de suas redes de acordo com a BNCC. A recomendação do MEC foi que as redes de ensino de nosso país cumprissem o prazo até novembro de 2018 para terem seus novos currículos já aprovados pelos conselhos (municipal ou estadual) de educação.

O evento foi organizado pela equipe técnica e pedagógica da Secretaria de Educação do Estado do Tocantins, da Diretoria Regional de Educação de Palmas e da Secretaria Municipal de Educação. A Superintendente de Desenvolvimento da Educação Básica da (Seduc) e a Coordenadora Estadual da Undime de Implementação do Documento Curricular do Tocantins proferiram palestra de abertura intitulada "Percurso da Base Nacional Comum Curricular: da elaboração à implementação". Destacaram que a BNCC não é currículo. Argumentaram que a base define os conhecimentos essenciais. Todos os alunos da Educação Básica têm o direito de aprender, em qualquer lugar do país. Explicitaram os direitos de aprendizagem e desenvolvimento dos alunos, mas não a maneira como professores deverão ensiná-los. Percebe-se que, ao relacionar a BNCC aos currículos a serem re(elaborados), projetou-se que "o conjunto de saberes previsto na Base servirá como direcionador para a construção e adaptação dos currículos de todos os sistemas de ensino e, a partir destes, dos Projetos Políticos Pedagógicos (PPPs) e dos planos de aula" (BNCC, 2017, p. 21).

Na sequência, os palestrantes apontaram algumas questões referentes ao processo de construção, estruturação e implementação da BNCC. Editais do Programa Nacional do Livro, Material Didático (PNLD) e as matrizes de avaliação devem estar alinhados à BNCC. Destacou-se que as instituições ou redes de ensino devem perfilar seus currículos e propostas pedagógicas à BNCC, cujo prazo máximo era o ano de 2020.

A palestra "Base Nacional Comum Curricular – Currículo em pauta: revisão, (re)elaboração e implementação", proferida pela Diretora de Desenvolvimento Educacional da Seduc e Fundação Lemman[5], apontou questões sobre o contexto atual e a situação da educação no país. Expôs a estrutura da BNCC e considerou as consequências para a prática escolar, e projetou etapas da (re)elaboração curricular. Incentivou que os municípios/estados busquem o envolvimento dos Conselhos de Educação em todas as etapas do processo de implementação da BNCC. A proposta de cronograma do processo de implementação foi considerada apertada para discussão do documento final da BNCC, com participação, diálogo, autonomia docente e comunidade escolar.

---

5 No ano de 2002, o empresário Jorge Paulo Lemann criou a Fundação Lemann, organização que compõe o "Movimento Todos pela Educação". A ideologia da Fundação Lemann compreende a educação pública com o propósito de formar professores pautados na teoria do capital humano. Os futuros trabalhadores devem ser formados para garantir o processo de mundialização e acumulação de capital. Existe uma relação entre educação de resultados e o aumento da competitividade econômica.

Ressaltou-se que na BNCC há "as competências que os alunos devem desenvolver ao longo de toda a Educação Básica e em cada etapa da escolaridade, como expressão dos direitos de aprendizagem e desenvolvimento de todos os estudantes" (BNCC, 2017, p. 23).

Na Educação Infantil, de acordo com os eixos estruturantes, devem ser assegurados seis direitos de aprendizagem e desenvolvimento (artes visuais, linguagem oral e escrita, matemática, movimento, música, natureza e sociedade) para que as crianças tenham condições de aprender e se desenvolver.

Conforme o documento oficial da BNCC (2017), o Ensino Fundamental está organizado em cinco áreas do conhecimento, sendo que cada área contém competências específicas a serem desenvolvidas ao longo dos nove anos e essas se vinculam a dez competências gerais. Respeitando as muitas possibilidades de organização do conhecimento escolar, as unidades temáticas definem um arranjo dos objetos de conhecimento ao longo do Ensino Fundamental adequado às especificidades dos diferentes componentes curriculares. Cada unidade temática contempla uma gama maior ou menor de objetos de conhecimento, assim como cada objeto de conhecimento se relaciona a um número variável de habilidades.

O evento teve em seguida um breve histórico da elaboração do documento curricular do Tocantins segundo a experiência dos componentes curriculares e o plano de ação para a implementação da BNCC nas redes municipal e estadual de educação.

A Coordenadora Pedagógica da Gerência de Formação dos Profissionais da Secretaria Municipal de Educação de Palmas, a Coordenadora da Implementação da BNCC na Educação Infantil no Tocantins, e o professor da Universidade Federal do Tocantins (UFT) proferiram a palestra "Educação Infantil na BNCC: possibilidades para uma construção curricular", na qual apresentaram a estrutura da BNCC, direitos de aprendizagem e desenvolvimento; campos de experiências; objetivos de aprendizagem e desenvolvimento e desafios.

O evento encerrou com informações sobre o Programa de Inovação Educação Conectada da Secretaria de Educação Básica do MEC, uma política pública que utiliza a BNCC. Informou sobre a disponibilidade de recursos digitais para as redes de ensino e a viabilidade da Plataforma Integrada de Recursos Educacionais Digitais para os produtos do PNLD e o Guia de Tecnologias.

O Programa de Inovação Educação Conectada foca o Ensino Médio e o atendimento às competências propostas pela BNCC, em especial a quinta competência geral: "utilizar tecnologias digitais de comunicação e informação de forma crítica, significativa, reflexiva e ética nas diversas práticas do cotidiano (incluindo as escolares) ao se comunicar, acessar e disseminar informações, produzir conhecimentos e resolver problemas" (BNCC, 2017, p. 40).

A palestra foi expositiva, sem espaço para diálogo inviabilizando as condições democráticas de gestão, construção de currículos e respeito ao trabalho docente. Com um cronograma de execução que não permitiu efetiva participação, reflexão, ponderação e construção coletiva da re(elaboração) ou contestação frente ao cronograma e metodologia apresentados.

A Associação Nacional de Pesquisa e Pós-graduação em Educação (Anped), no documento intitulado "A política de formação de professores no Brasil de 2018: Uma análise dos editais do Programa de Residência Pedagógica/Capes e Programa Institucional de Bolsas de Iniciação à Docência (Pibid)/Capes e a reafirmação da resolução CNE /CP 02/2015", analisou que, desde o Golpe de 2016, a metodologia de construção das políticas e programas vindos do MEC seguem uma diretiva:

> Denunciamos que a "nova (velha) política de formação de professores", preconizada pelo atual governo, é guiada pela pressa e pela indefinição sobre critérios e metas. Os debates são minimizados, as participações da comunidade acadêmica reduzidas e o compromisso

com a democracia e com o público na educação pública se esvai a cada ação (ANPED, 2018, p. 9).

A referida análise demonstrou que o cronograma do processo de implementação da BNCC em 2018 minimizou a participação e o debate com a sociedade, a comunidade acadêmica e os trabalhadores da Educação Básica. Os eventos e reuniões promovidos pela Undime e Secretarias de Educação projetaram uma "falsa ideia de participação", uma vez que não asseguraram o envolvimento efetivo da comunidade escolar, acadêmica e social no processo de debate, implementação e adaptação do currículo a partir da BNCC. Assim é o jogo, implementar a todo custo as políticas anunciadas.

Nessa lógica do não debate, em 2019, instituiu-se o Documento Curricular do Estado do Tocantins, tendo como ênfase a regionalidade como fio condutor para as práticas pedagógicas. Os discursos foram sobre a regulamentação e a padronização do currículo-base para todo o território nacional e estadual e as políticas públicas que visam a democracia e igualdade de acesso na educação brasileira.

Considerações finais

A ausência de direcionamentos nacionais para a formação continuada e para a valorização profissional de professores na referida legislação é tangível. Presentes na Resolução CNE/CP n. 2/2015, a formação continuada era percebida como um espaço a ser construído na parceria entre as escolas e as universidades, em um claro vínculo em que se reconhecia a instituição escolar como lugar de produção de conhecimentos. Nas DCNs em vigor, não há menção sobre essa relação, ou mesmo sobre o papel de gestores, instituições ou sujeitos nesse processo.

O poder público deve priorizar a educação como projeto de desenvolvimento nacional, aspecto que se relaciona intimamente ao cuidado com a profissão docente e a formação de seus quadros.

É preciso propor ações efetivas que articulem a formação inicial, a valorização da carreira, as condições de trabalho e a remuneração.

Estamos diante de complexas questões e seria ingenuidade pensar que possam ser resolvidas facilmente; ainda assim, é necessário que sejam consideradas no contexto de políticas educacionais que contribuam para a atratividade e retenção de bons profissionais para a docência.

Ações em prol de uma jornada compatível com as responsabilidades do ofício, com perspectivas de crescimento e desenvolvimento profissional, com elevação do tempo para planejamento, avaliação e preparação do trabalho pedagógico podem ser objetos dessas políticas (CERICATTO, 2016, p. 285).

Ao se constatar o continuísmo das ações governamentais das últimas décadas, em relação à formação dos professores, percebe-se a falta de prioridade no tocante a investimentos e recursos orçamentários, uma vez que as políticas de formação ao longo dos anos são incorporadas pelos governantes como problemas emergenciais. Isso se reflete na oferta de diferentes modalidades de formação, cujas diferenças de apropriação dos conhecimentos científicos são mascaradas pelo discurso da igualdade de oportunidades.

Diante disso, novas demandas e desafios estão postos para a escola e, obviamente, para os seus profissionais. Um dos desafios diz respeito à ampliação das funções do professor no reconhecimento da complexidade do ato educativo, visto que o trabalho pedagógico da escola está organizado na lógica dos currículos padronizados e uniformes – os já conhecidos pacotes pedagógicos.

A BNCC – como vem sendo implementada, sem reflexão sobre o documento – aponta no sentido de assumir que "a escola concebida pelas agências internacionais é a que busca atender as necessidades imediatas de sobrevivência, ritmos e interesses individuais dos alunos, visando a proteção social para a pobreza" (LIBÂNEO, 2014, p. 4).

Percebe-se que a escola fornece um ensino com conteúdos mínimos para atender às necessidades da economia. Para esse fim, as empresas passam a intervir diretamente nas questões pedagógicas, na elaboração dos conteúdos e na formação docente incorporando as instituições escolares à lógica do mercado.

Gera grande preocupação a implementação da BNCC, assim como seus rumos padronizantes, tais como:

- o desrespeito à autonomia da escola e dos docentes;
- o atrelamento entre ensino e avaliações censitárias;
- a culpabilização do docente e da escola pública pelo fracasso escolar, o que implicará estímulo a formas de privatização e mercantilização da educação pública, como outras experiências já produziram;
- a equivocada antecipação da escolarização da Educação Infantil;
- a produção de material didático instrucional que concebe o docente como desqualificado; a perspectiva tecnicista de formação inicial e continuada de professores limitada à BNCC;
- a emergência de políticas públicas educacionais atreladas à BNCC, como os editais 2018 dos Programas Residência Pedagógica e Programa Institucional de Bolsas de Iniciação à Docência (Pibid).

A BNCC nos leva ao entendimento de uma proposta de alinhamento do ensino e da formação com o mundo do mercado de trabalho com foco em competências e habilidades, em detrimento do foco na aprendizagem, no conhecimento, na reflexão crítica sobre a realidade, na problematização e pesquisa, nos fundamentos para emancipação e autonomia. Tal perspectiva de ensino poderá vir a produzir formação superficial e técnica não sendo suficientes para o desenvolvimento integral e emancipação dos sujeitos apreendentes, o que não possibilitará apropriação dos conhecimentos historicamente produzidos pela humanidade, ampliação da visão e consciência de mundo.

Preocupa-nos a proposta da BNCC que pode dificultar a superação da fragmentação das políticas educacionais; fomentar a padronização; inibir a autonomia escolar e a diversidade de projetos político-pedagógicos; interferir na identidade escolar; cercear o trabalho docente; desmotivar a comunidade escolar; gerar mal-estar docente, dentre outros.

O impacto nas políticas de formação de professores ao longo das décadas é grande. Algumas questões: não é a BNCC o modo de se impor um currículo? Será que a BNCC não é currículo? Já não estariam postos os conteúdos mínimos, competências e habilidades? Estamos diante do esvaziamento dos conteúdos científicos e da formação para a reflexão e problematização da realidade? Temos resistência e proposições curriculares para além dos limites da BNCC? Não há dúvidas de que a avaliação em larga escala do Sistema Nacional de Avaliação da Educação Básica (Saeb) e os conteúdos dos livros didáticos são utilizados como mecanismos para impor a BNCC.

No que tange às fases de implementação, embora se tenha ações pautadas na melhoria da educação para garantir uma equidade, tais processos ignoram questões centrais que afetam a Educação, como a formação inicial de qualidade, a formação continuada dos educadores, as condições estruturais das escolas, os salários dignos e as condições adequadas de trabalho, o plano de carreira e as políticas públicas que favoreçam o acesso e a permanência dos alunos nas escolas. Considerando todos os itens elencados no capítulo, infere-se que grandes são os impactos nas políticas públicas para a formação de professores no Brasil e que se deve debatê-las amplamente em todos os âmbitos da sociedade.

Referências

ANFOPE. "Manifesto da Anfope em defesa da democracia". 2020 [disponivel em http://www.anfope.org.brw/p-content/uploads/2020/03/1.-Manifesto-AN FOPE-em-].

ANPED. "A política de formação de professores no Brasil de 2018: Uma análise dos editais Capes de Residência Pedagógica e Pibid e a reafirmação da resolução CNE/CP n. 02/2015". 2018 [disponível em http://www.anped. org.br/sites/default/files/images/formacaoprofessores_anped_final.pdf. Acesso em 09 abr. 2018].

APPLE, M. *Ideologia e currículo*. Porto Alegre: Artmed, 2006.

ARAÚJO FREIRE. "Inédito viável". In: STRECK, D.R.; REDIN, E. & ZITKOSKI, J.J. (orgs.). *Dicionário Paulo Freire*. Belo Horizonte: Autêntica, 2008, p. 231-234.

ARAÚJO, N.V.-C.G. *O Normal Superior telepresencial e a trilogia*: Política educacional, formação de professoras(es) e educação à distância. Dissertação (Mestrado em Educação). São Luís: Universidade Federal do Maranhão, 2008.

BALL, S. "Sociologia das políticas educacionais e pesquisa crítico-social: Uma revisão pessoal das políticas educacionais e da pesquisa em política educacional". *Currículo sem fronteiras*, v. 6, n. 2, jul./dez.-2006, p.10-32.

BRASIL. *Guia de implementação da Base Nacional Comum Curricular* – Orientações para o processo de implementação da BNCC: Um guia feito por gestores, para gestores. Realização: Conselho Nacional de Secretários de Educação (Consed) e União Nacional dos Dirigentes Municipais de Educação (Undime). Apoio técnico: Movimento pela Base Nacional Comum Comunidade e Educativa Cedac. Brasília: MEC, 2018 [disponível em http://implementacaobncc.com.br. Acesso em 28 fev. 2018].

_____. *Base Nacional Comum Curricular* – Educação é a base. Brasília: MEC, 2017 [disponível em http://basenacionalcomum.mec.gov.br/wp-content/uploads/2018/02/bncc-20dez-site.pdf. Acesso em 28 fev. 2018].

_____. *Programa de Inovação Educação Conectada*. Educação conectada: Inovação tecnológica impulsionado a educação pública brasileira. Brasília: Ministério da Educação/Secretaria de Educação Básica, 2017 [disponível em http://portal.mec.gov.br/docman/novembro-2017-pdf/77461-conceito-do-programa-de-inovacao-educacao-conectada-pdf/file. Acesso em 28 fev. 2018].

_____. *Diretrizes Curriculares Nacionais da Educação Básica*. Brasília: Ministério da Educação/Secretaria de Educação Básica/Secretaria de Educação Continuada, Alfabetização, Diversidade e Inclusão/Secretaria de Educação Profissional e Tecnológica/Conselho Nacional de Educação/Câmara de Educação Básica, 2013 [disponível em http://portal.mec.gov.br/index.php?option=com_docman&view=download&alias=13448-diretrizes-curiculares-nacionais-2013-pdf&Itemid=30192. Acesso em 16 out. 2017].

_____. *Lei n. 9.394, de 20 de dezembro de 1996*. Estabelece as diretrizes e bases da educação nacional. Brasília: Diário Oficial da União, 1996 [disponível em http://www.planalto.gov.br/ccivil_03/leis/L9394.htm. Acesso em 23 mar. 2017].

_____. *Constituição da República Federativa do Brasil*. Brasília/DF: Senado Federal, 1988 [disponível em http://www.planalto.gov.br/ccivil_03/constituicao/constituicaocompilado.htm. Acesso em 06 mar. 2018].

CERICATTO, I.L. *Rev. Bras. Estud. Pedagog.* (on-line), v. 97, n. 246, mai./ago.-2016. Brasília [disponível em defesa-da-educa¾C3¾A7%C3%A3o-e-da-dernocracia-01032020.pdf. Acesso em 15 mai. 2020].

DOURADO, L.F. "Diretrizes curriculares nacionais para a formação inicial e continuada dos profissionais do magistério da Educação Básica: Concepções e desafios". *Educ. Soc.*, v. 36, n. 131, abr./jun.-2015, p. 299-324. Campinas.

_____. "A reforma do Estado e as políticas de formação de professores nos anos de 1990". In: DOURADO, L.F. & PARO, V.H. (orgs.). *Políticas públicas & Educação Básica*. São Paulo: Xamã, 2001.

ENCONTRO NACIONAL DA ANFOPE, 8. *Documento final*. Belo Horizonte, 1996.

FREIRE, P. *Pedagogia do oprimido*. Rio de Janeiro: Paz e Terra, 2005.

FREITAS, H.C.L. "A reforma do Ensino Superior no campo da formação dos profissionais da Educação Básica: As políticas educacionais e o movimento dos educadores". *Educação & Sociedade*, Cedes, n. 68, 1999, p. 17- 44. Campinas.

KISHIMOTO, T.M. "Política de formação profissional para a educação infantil: Pedagogia e Normal Superior. *Educação & Sociedade*, Cedes, n. 68, 1999, p. 61-79. Campinas.

KUENZER, A.Z. "Da dualidade assumida à dualidade negada: O discurso da flexibilidade justifica a inclusão excludente". *Educação & Sociedade*, Cedes, n. 100, 2007, p. 1.153-1.178. Campinas.

LIBÂNEO, J.C. "Didática e docência: Formação e trabalho de professores da Educação Básica". In: CRUZ, G.B.; OLIVEIRA, A.T.C.C.; NASCIMENTO, M.B.C.A. & NOGUEIRA, M.A. (orgs.). *Ensino de didática* – Entre recorrentes e urgentes questões. Rio de Janeiro: Quartet, 2014.

PÉREZ GÓMES, A.I. "A função e formação do/a professor/a no ensino para a compreensão: diferentes perspectivas". In: SACRISTÁN, J.G. & PEREZ GÓMEZ, A.I. *Compreender e transformar o ensino*. 4. ed. Porto Alegre: Artmed, 1998, p. 353-380.

SANTONI RUGIU, A. *Nostalgia do mestre artesão*. Campinas: Autores Associados, 1998.

"UNICAMP avalia BNCC" [disponível em https://www.unicamp.br/unicamp/ju/noticias/2017/12/04/base-curricular-e-conservadora-privatizante-e-ameaca-autonomia-avaliam. Acesso em mai. 2021].

3
Uma leitura comparativa entre as resoluções n. 2/2015 e n. 2/2019

Maria Antonia Vidal Ferreira

Introdução

Compreender as reformas educacionais, a partir do contexto que as promoveram, é uma atitude coerente ao processo de reflexão de forma abrangente, evitando o pensamento reducionista e localizado. Jamil Cury, relator do parecer n. 11/2000, afirma que "toda a legislação possui atrás de si uma história do ponto de vista social". E acrescenta: "Por isso mesmo, as leis são também expressão de conflitos histórico-sociais. Nesse sentido, as leis podem fazer avançar ou não um estatuto que se dirija ao bem coletivo" (BRASIL/MEC, 2000, p. 12).

Concebendo dessa forma o texto e seu entorno, assim entendido como compreensão contextual, o capítulo em discussão tem por objetivo realizar uma leitura comparativa das resoluções n. 2, de 1º de julho de 2015, e a de n. 2, de 20 de dezembro de 2019, considerando os parâmetros estruturais contidos nos referidos textos legais. São resoluções que tratam da formação de professores, cujo conteúdo revela distintas motivações, concepções e finalidades dos seus proponentes.

Situamos aqui uma sociedade específica – a brasileira, cuja história educacional alterna avanços e retrocessos de experiência democrática e, dentre as reformas, elegemos a formação de professores. Daí recuperarmos um panorama sucinto desse cenário descrito por Allan, Artur e Olinda (2017, p. 449) nos seguintes termos: o "processo histórico brasileiro pós-1990 [...] produziu uma política degradante de formação docente em nível superior para a Escola Básica brasileira, aprofundada a partir dos anos 2000 e impactada, em meados da década, pela financeirização".

Os autores acrescentam na descrição desse cenário que, no Brasil, o neoliberalismo, enquanto política econômica gerou "um campo novo para a exploração mercantil em escolas superiores de preparo do magistério". Políticas estas, "articuladas nos governos de Fernando Henrique Cardoso (1995-2002), [...], continuou [...] nos governos de Lula (2003-2011) e Dilma Rousseff (2012-2016), [...] embaladas pela legenda da democratização do acesso ao Ensino Superior". A partir de 2017 (Temer) e 2019 em diante (Bolsonaro), essas políticas são orientadas por um governo da ultradireita que abraça e defende um estágio do capitalismo financeiro e um projeto educativo do capital, isto é, o capital como educador do educador (SEKI, SOUZA & EVANGELISTA, 2017, p. 450). É assim que situamos a Resolução n. 2, de 20 de dezembro de 2019, promulgada quando ainda está em curso a implementação da Resolução n. 2, de 1º de julho de 2015.

Parâmetros para leitura do texto legal

A leitura comparativa, como estratégia metodológica, foi o recurso utilizado para a análise crítica dos textos legais. Para isso, extraímos cinco itens temáticos do texto das referidas resoluções, como parâmetros de leitura e interpretação entre ambas. São eles: a) objeto das resoluções; b) formação/atuação; c) organização curricular; d) carga horária e integralização curricular; e) política de valorização dos profissionais do magistério, que estão organizados nos tópicos a seguir.

Objeto das resoluções

O objeto das resoluções n. 2, de 1º de julho de 2015, e n. 2, de 20 de dezembro de 2019, doravante nomeadas de R2/2015 e R2/2019, respectivamente, se identificam em alguns aspectos, principalmente no discurso, e se distanciam em outros, principalmente nos significados subjacentes. Como numa moldura de aparente renovação educacional, a R2/2019 pretende vender essa imagem. Os conselheiros-autores apropriam-se de conceitos, termos e expressões já conhecidos e defendidos pelo coletivo de educadores, mas os acomoda ao projeto neoliberal de educação e, consequentemente, de formação de professores. Elas legalizam essa formação, abaixo definidas:

R2/2015	R2/2019
Define as Diretrizes Curriculares Nacionais para a formação inicial em nível superior (cursos de licenciatura, cursos de formação pedagógica para graduados e cursos de segunda licenciatura) e **para a formação continuada.**	*Define as Diretrizes Curriculares Nacionais para a formação inicial de professores para a Educação Básica e institui a Base Nacional Comum para a formação inicial de professores da Educação Básica (BNC–Formação).*

É consenso entre entidades representativas dos profissionais da educação, como a Associação Nacional pela Formação dos Profissionais da Educação (Anfope) de que, em seu conjunto, a R2/2019 traz profundas rupturas em relação à R2/2015, caracterizando um retrocesso no processo de formação de professores. Aqui é preciso desnudar o discurso ideológico como pano de fundo. Conforme Helena Freitas, membro titular do Conselho Fiscal da Anfope, na R2/2019 o Conselho Nacional de Educação (CNE) retoma proposições e concepções derrotadas no final do século XX, pós-LDB, e foca em sua análise exclusivamente a formação inicial, por compreender que *entre os fatores que podem ser controlados pela política educacional, o professor é o que tem maior peso na determinação do desempenho dos alunos* (entrevista concedida ao site *Trem das Letras*, 2019).

Isto posto, e voltando à ementa – objeto das resoluções –, é possível pensar que as sutilezas se revelam logo de início pela expressão "formação continuada" subtraída na R2/2019. Nesta, embora a expressão apareça de forma secundarizada no cap. 2, art. 6º, incisos VI, VII e VIII, não é objeto de preocupação dos conselheiros nesse momento:

> VI – a equidade no acesso à formação inicial e continuada, contribuindo para a redução das desigualdades sociais, regionais e locais;

> VII – a articulação entre a formação inicial e a formação continuada;

> VIII – a formação continuada que deve ser entendida como componente essencial (BRASIL/MEC, 2019).

Não sendo objeto da R2/2019, portanto, não ocupando um lugar de centralidade, mais parece uma ruptura do processo formativo do que uma articulação como propõe o inciso VII. Como explicar essa omissão, se há muito anos esse tema integra o ideário educacional, fomentando políticas públicas e seu ordenamento jurídico no campo educacional?

Em 2000, o Conselho Europeu, em Lisboa, foi instado a elaborar estratégias de aprendizagem ao longo da vida. O conselho acolheu a ideia de que a aprendizagem ao longo da vida deve compreender todas as fases e formas de aprendizagem desde a pré-escola à pós-aposentadoria. No geral, o consenso pode ser presumido em torno de quatro objetivos amplos e que se apoiam mutuamente: realização pessoal, cidadania ativa, inclusão social e empregabilidade/adaptabilidade (COMMISSION OF THE EUROPEAN COMMUNITIES, 2001, p. 9).

Podemos afirmar que esse é um dos documentos que aglutinou o pensamento de estudiosos da educação, no campo da formação de professores, no Brasil e no exterior. No Brasil, a R2/2015 definiu *formação inicial* como "preparação" para funções de magistério na Educação Básica e *formação continuada* como "desenvolvimento profissional" – a partir da compreensão ampla e contextualizada de educação e educação escolar, visando assegurar a produção e difusão de conhecimentos de determinada área e a participação na elaboração e implementação do projeto político-pedagógico da instituição, na perspectiva de garantir, com qualidade, os direitos e objetivos de aprendizagem e o seu desenvolvimento, a gestão democrática e a avaliação institucional (BRASIL/MEC, Resolução n. 02/2015, art. 3º).

No mesmo artigo fica explícito que tanto a preparação como o desenvolvimento profissional, ou seja, tanto a formação inicial como a continuada, volta-se à atuação docente nas etapas: Educação Infantil, Ensino Fundamental, Ensino Médio, bem como nas modalidades: educação de jovens e adultos, educação especial, educação profissional e técnica de nível médio, educação escolar indígena, educação do campo, educação escolar quilombola e educação à distância.

O fato de constar na ementa da R2/2015 revela a concepção de seus proponentes e do coletivo de educadores de que as diretrizes apresentam uma proposta para a formação continuada, instando às IES a pensarem em políticas e a inserirem em seus projetos pedagógicos a sua proposta para essa política de formação. Na R2/2015, a política de formação de professores articula formação inicial e continuada, condições de trabalho pela valorização do magistério, incluindo a docência, gestão e coordenação pedagógica.

Igualmente, o fato de a expressão "formação continuada" não constar na ementa da R2/2019 deixa evidente uma concepção que rompe com esse *continuum* da formação. Revela, também, uma omissão do Estado no tocante à valorização profissional, uma vez que aquela (formação continuada) é condição indispensável para a realização desta (valorização profissional). Fica subentendido, também, que ela deverá ser debitada na conta do engajamento profissional, um dos eixos que fará parte do seu currículo de formação. Em todo o seu texto, a R2/2019 expressa uma formação mais voltada a um modelo prescritivo, assim definido por Magalhães (2019, p. 197-198): Na BNC, "temos uma concepção de formação centrada em ensinar os professores a como fazer, reforçando os modelos de uma prática educativa instrumental e tradicional, distanciando-se de princípios de uma sólida formação teórica e interdisciplinar". É mais uma volta ao passado que criticamos, do que uma sólida formação humana e cidadã, conforme os pressupostos da R2/2015.

Em meio à escrita deste artigo, veio a público a Resolução n. 1, de 27 de outubro de 2020, que dispõe sobre as Diretrizes Curriculares Nacionais para a Formação Continuada de Professores da Educação Básica e institui a Base Nacional Comum para a Formação Continuada de Professores da Educação Básica (BNC–Formação Continuada), publicado no Diário Oficial da União em 29 de outubro de 2020 (BRASIL/DOU, ed. 208, seção 1, p. 103).

Uma primeira leitura do documento já nos induz a pensar numa replicação do discurso da BNC–Formação Inicial, ou seja, uma réplica da R2/2019 em sua concepção e finalidades. Conforme análise de Helena Freitas, publicada em seu blog (2020), essas diretrizes dão continuidade ao processo de regulação e maior controle da formação inicial e continuada, no âmbito do MEC. Para ela, com quem concordamos, é a implementação de uma política de formação de professores de caráter tecnocrático, que objetiva maior controle sobre o trabalho pedagógico, alinhada exclusivamente às competências e aos conteúdos da BNCC e à lógica empresarial privatista, que vem se impondo na Educação Básica pela agressiva ação dos reformadores empresariais junto às secretarias de educação de estados e municípios.

A crítica de Helena Freitas mais uma vez incide na falta de diálogo entre o CNE e as entidades acadêmicas, científicas e sindicais da área educacional, ao aprovar a referida resolução sem qualquer discussão com as universidades, com os profissionais da área, muito menos com seus representantes. Helena Freitas afirma ainda que, embora não tenhamos "todos os elementos, neste momento, para compreender os complexos processos de recomposição do capital [...] e das lutas necessárias que devem ser travadas [...]", podemos reafirmar que o CNE "não se reveste da credibilidade e respeito público para instituir-se como porta-voz da área educacional, na defesa da educação pública de gestão pública, laica e comprometida [com] nosso povo" (FREITAS, 2020, em https://formacaoprofessor.com).

Em momento anterior à Resolução n. 1, de 27 de outubro de 2020 e, referindo-se à R2/2015, Helena de Freitas expõe o que entendemos como avanço no âmbito da formação de professores:

> A nossa proposta de Diretrizes Curriculares Nacionais de Formação de Professores, construída no período de 2012 a 2015, traz em seus fundamentos a concepção sócio-histórica de educação e de formação de professores construída nos últimos 40 anos pelo movimento dos educadores, em particular pela Associação Nacional pela Formação dos Profissionais da Educação (Anfope), na perspectiva de consolidar uma política nacional de formação e valorização dos profissionais da educação de caráter emancipador, articulada a um projeto de sociedade, de país soberano, justo e que supere a desigualdade, a discriminação e a miséria própria do capitalismo. Por essa razão, esta política deve contemplar não apenas a formação inicial e continuada, mas as condições de trabalho, salários e carreira de todos os professores (entrevista concedida ao site *Trem das Letras*, 2019).

Na contramão desse processo, a R2/2020, ao *definir* as diretrizes e *instituir* a BNC–Formação, sinaliza a insurgência de "um movimento de produção de hegemonia burguesa que lança mão da escola, em todos os seus níveis, para produzir força de trabalho dócil, a baixo custo e por meio de formação rebaixada do ponto de vista da aquisição do conhecimento científico" (EVANGELISTA, FIERA & TITTON, 2019, p. 6).

A formação e atuação profissional

A formação em nível superior, em qualquer área do conhecimento, tem por finalidade a configuração de uma profissão, que, por sua vez, reverbera numa atuação profissional. Para isso, os currículos são desenhados e projetados dentro dos marcos conceituais que orientem essa atuação, definindo carreiras e profissões. Nesse aspecto, a R2/2015 e R2/2019 se propõem a formar o professor da Educação Infantil ou educador infantil; professor do Ensino Fundamental, professor do Ensino Médio para atuar nos respectivos níveis de ensino. Vejamos as similitudes e diferenças entre elas.

R2/2015	R2/2019
Formação inicial para o magistério da Educação Básica	**Formação inicial para o magistério da Educação Básica**
I – cursos de graduação de licenciatura;	I – Formação de professores multidisciplinares da Educação Infantil;
II – cursos de formação pedagógica para graduados não licenciados;	II – Formação de professores multidisciplinares dos anos iniciais do Ensino Fundamental; e
III – cursos de segunda licenciatura.	III – Formação de professores dos anos finais do Ensino Fundamental e do Ensino Médio.
Art. 2º – As Diretrizes Curriculares Nacionais para a Formação Inicial e Continuada em Nível Superior de Profissionais do Magistério para a Educação Básica aplicam-se à formação de professores para o exercício da Docência na Educação Infantil, no Ensino	Art. 16 – As licenciaturas voltadas especificamente para a docência nas modalidades de Educação Especial,

Fundamental, no Ensino Médio e nas respectivas modalidades de educação (Educação de Jovens e Adultos, Educação Especial, Educação Profissional e Tecnológica, Educação do Campo, Educação Escolar Indígena, Educação à Distância e Educação Escolar Quilombola), nas diferentes áreas do conhecimento e com integração entre elas, podendo abranger um campo específico e/ou interdisciplinar.

Educação do Campo, Educação Indígena, Educação Quilombola, devem ser organizadas de acordo com as orientações desta Resolução e, por constituírem campos de atuação que exigem saberes específicos e práticas contextualizadas, devem estabelecer, para cada etapa da Educação Básica, o tratamento pedagógico adequado, orientado pelas diretrizes do Conselho Nacional de Educação (CNE).

IV – Formação em segunda licenciatura.

V – Formação pedagógica para graduados.

Ao compararmos as resoluções, vemos que ambas se destinam à formação para o magistério da Educação Básica e que essa formação inicial se destina à atuação na Educação Infantil, no Ensino Fundamental, Ensino Médio e nas modalidades de ensino: Educação de Jovens e Adultos, Educação Especial, Educação do Campo, Educação Escolar Indígena, Educação à Distância e Educação Escolar Quilombola. Igualmente se propõem à formação pedagógica para graduados e formação em segunda licenciatura.

Entretanto, duas distinções ficam evidentes. A primeira é que a R2/2019 introduz a nomenclatura *Formação de professores multidisciplinares da Educação Infantil, Formação de professores multidisciplinares dos anos iniciais do Ensino Fundamental, Formação de professores dos anos finais do Ensino Fundamental e do Ensino Médio*, sugerindo a criação de cursos específicos para esses campos de atuação profissional. Embora a R2/2015 deixe em aberto à possibilidade de as Instituições de Ensino Superior (IES) criarem cursos tais como Licenciatura em Educação Infantil e anos iniciais do Ensino Fundamental, essa tarefa estava legalmente ordenada pelos cursos de Pedagogia desde a Resolução n. 1, de maio de 2006, que institui as Diretrizes Curriculares para este curso.

A segunda distinção é que, embora a R2/2019 deixe implícita, existe a possibilidade de as Instituições de Ensino Superior (IES) criarem cursos específicos nas modalidades de ensino, como, por exemplo, Licenciatura em Educação Indígena, Licenciatura em Educação Especial, Licenciatura em Educação do Campo, conforme art. 16. Mas ela omite a Educação Profissional Tecnológica. Parece estranho essa omissão, mas alguma motivação fica evidente. Mais um nicho para a iniciativa privada preencher espaços deixados pelo Estado.

Por outro lado, a R2/2015 também deixa implícita a possibilidade de as instituições criarem cursos de licenciaturas específicos nessas modalidades de ensino, haja vista a existência de alguns cursos dessa natureza em funcionamento, mas também deixa subentendido que as modalidades atravessam os níveis de ensino e, em sendo assim, o curso de Pedagogia tem assumido essa incumbência, porém, sem lograr muito êxito, uma vez que o currículo tem sido projetado com pretensões ambiciosas quanto à diversidade de profissionais a serem formados, resultando no aligeiramento da formação (dada à impossibilidade real, no percurso curricular, de conciliar a formação desses profissionais) e no empobrecimento na oferta de disciplinas (já que para atender ao menos seis áreas de atuação previstas será necessário reduzir o número de disciplinas, a fim de respeitar o total de 3.200 horas do curso) (LIBÂNEO & PIMENTA, 2011).

Tudo isso tem gerado um cenário não muito claro no campo da formação de professores, que vem se arrastando por décadas e se agravando no atual estágio do capitalismo financeiro (meados da década de 2000 em diante) e da privatização da educação.

Na verdade, a crítica que a Anfope e outras entidades reunidas dirigem aos "movimentos governamentais" é de que estes "visam aprofundar a precarização da formação inicial dos professores", sendo "a visão utilitarista e praticista que esvazia o aspecto analítico e político" da formação de professores um dos principais pontos críticos. Assim, "a imposição de matrizes curriculares homogeneizadas, anacrônicas e retrógradas" e de uma formação rebaixada, nivelada pela BNCC, portanto, esvaziada de um corpo teórico consistente (VENTORIM, ASTORI & BITENCOURT, 2020, p. 9).

O fato é que a questão principal do modelo de formação não é a necessidade de uma base nacional para a formação inicial. Esta é uma diretriz também da R2/2015; a questão é o conteúdo dessa base. Enquanto a R2/2015 prioriza uma sólida formação teórica, humana, política e ética, a R2/2019 tem como parâmetro de formação a BNCC da Educação Básica como balizador dessa formação.

Organização curricular

A organização curricular como parâmetro de análise comparativa entre as duas resoluções nos remete a pensar entre o que está escrito e o que não está escrito. Entre o discurso oficial e o oculto. Mas, poderíamos dizer também: entre o que está escrito e a força que isto tem para gerar encaminhamentos e práticas. Isto porque em vários trechos da R2/2019 observa-se um discurso progressista, democrático, mas omisso nos encaminhamentos para sua viabilização, configurando-se um discurso escapista e, em outros, como o cap. I (art. 1º ao 4º), a ênfase que se imprime no discurso sugere uma concentração de esforços em determinados aspectos da organização curricular, ganhando força um privilegiamento da prática e um reducionismo epistemológico, negando os avanços teóricos no campo da docência, quando, por exemplo, se baliza a formação docente pela BNCC. Em tela, os cap. IV e I da R2/2015 e R2/2019, respectivamente:

R2/2015	R2/2019
Organização curricular (cap. IV, art. 12)	Organização curricular (cap. I)
I – Núcleo de estudos de formação geral, das áreas específicas e interdisciplinares, e do campo educacional, seus fundamentos e metodologias, e das diversas realidades educacionais. II – Núcleo de aprofundamento e diversificação de estudos. III – Núcleo de estudos integradores.	Três dimensões das competências que se integram na ação docente (art. 4º) são organizadoras do currículo e dos conteúdos segundo as competências e habilidades previstas na BNCC–Educação Básica para as etapas da Educação Infantil, do Ensino Fundamental e do Ensino Médio. São elas: I – conhecimento profissional; II – prática profissional; e III – engajamento profissional.

O discurso oficial aponta para a descrição seguinte: o currículo da R2/2019 organiza-se em torno de três competências gerais: o conhecimento, a prática e o engajamento profissional. A questão insurgente é: qual a política de investimento no professor e na professora por parte do Estado de garantia dessas aprendizagens e desse compromisso profissional? Não subjaz aí um deslocamento de responsabilidades: do institucional para o pessoal? Que incentivos esse professor e essa professora terão para se engajarem?

Por sua vez, o currículo da R2/2015 se organiza em torno de um núcleo de formação geral e das áreas específicas e interdisciplinares do campo educacional, seus fundamentos e metodologias e das diversas modalidades educacionais, sendo, portanto, um núcleo abrangente, seguido de um núcleo de aprofundamento e diversificação de estudos e um núcleo de estudos integradores. Além de abrangentes e integradores, essa organização curricular está coerentemente articulada pela política de valorização dos profissionais do magistério, prevista no cap. VII (art. 18, 19, 20 e 21).

Não negamos a necessidade de uma base nacional comum para os currículos de formação de professores, delineadas com a Anfope; no entanto, rejeitamos uma formação balizada pelas competências defendidas na R2/2019. Entendemos que o conhecimento profissional é a garantia de um excelente exercício profissional, mas esse conhecimento vai muito além do domínio da BNCC. O conhecimento da profissão não se reduz à racionalidade técnica porque esse modelo já não satisfaz ao nosso momento histórico. "Consequentemente, sua formação precisa ser concebida como um *continuum*, ou seja, um processo de desenvolvimento ao longo e ao largo da vida" (LIMA, 2011, p. 19).

Novamente insistimos na formação continuada articulada à formação inicial. E que, antes do engajamento do profissional, deve acontecer o engajamento do Estado em prover uma educação de qualidade, o que significa investir no ser humano como cidadão, afinal, acompanhando o raciocínio de Veiga (2003), entendemos que melhorar a qualidade da educação pública para que todos aprendam mais e melhor é a melhor forma para atender a tríplice finalidade da educação em função da pessoa, da cidadania e do trabalho.

Carga horária e integralização curricular

A qualidade de qualquer curso passa, entre outros critérios, pela sua extensão curricular e, em decorrência dessa extensão, pelo tempo de integralização. Este é mais um aspecto a ser considerado na análise comparativa dos itens temáticos. Sob a lógica da racionalidade prática, a carga horária de formação tem peso considerável nas atividades práticas, conforme se realça no quadro abaixo:

R2/2015	R2/2019
Estrutura e currículo (3.200h – 8 semestres – 4 anos)	**Estrutura e currículo (3.200h)**
I – 400 (quatrocentas) horas de prática, distribuídas ao longo do processo formativo;	**I – Grupo I:** 800 (oitocentas) horas, para a base comum que compreende os conhecimentos científicos, educacionais e pedagógicos e fundamentam a educação e suas articulações com os sistemas, escolas e práticas educacionais.
II – 400 (quatrocentas) horas de estágio supervisionado, na área de formação e atuação na Educação Básica;	

III – pelo menos 2.200 (duas mil e duzentas) horas dedicadas às atividades formativas estruturadas pelos núcleos definidos nos incisos I e II do art. 12 desta Resolução;

IV – 200 (duzentas) horas de atividades teórico-práticas de aprofundamento em áreas específicas de interesse dos estudantes, conforme núcleo definido no inciso III do art. 12 desta Resolução, por meio da iniciação científica, da iniciação à docência, da extensão e da monitoria, entre outras, consoante o projeto de curso da instituição.

II – Grupo II: 1.600 (mil e seiscentas) horas, para a aprendizagem dos conteúdos específicos das áreas, componentes, unidades temáticas e objetos de conhecimento da BNCC, e para o domínio pedagógico desses conteúdos.

III – Grupo III: 800 (oitocentas) horas, prática pedagógica, assim distribuídas:

a) 400 (quatrocentas) horas para o estágio supervisionado, em situação real de trabalho em escola, segundo o Projeto Pedagógico do Curso (PPC) da instituição formadora; e

b) 400 (quatrocentas) horas para a prática dos componentes curriculares dos Grupos I e II, distribuídas ao longo do curso, desde o seu início, segundo o PPC da instituição formadora.

Na R2/2015, a estrutura do currículo está detalhada no cap. 5º e nos art. 13 a 15. Organiza-se "por áreas especializadas, por componente curricular ou por campo de conhecimento e/ou interdisciplinar, [...], estruturam-se por meio da garantia de base comum nacional das orientações curriculares" (art. 13). As referidas diretrizes esclarecem o conteúdo de formação e o tempo de integralização, conforme o parágrafo primeiro: "§ 1º Os cursos de que trata o *caput* terão, no mínimo, 3.200 (três mil e duzentas) horas de efetivo trabalho acadêmico, em cursos com duração de, no mínimo, 8 (oito) semestres ou 4 (quatro) anos".

Chama a atenção o fato de, na R2/2019 constar apenas a carga horária do curso, mas não define o tempo de integralização:

> Art. 10 – Todos os cursos em nível superior de licenciatura, destinados à Formação Inicial de Professores para a Educação Básica, serão organizados em três grupos, com carga horária total de, no mínimo, 3.200

(três mil e duzentas) horas, e devem considerar o desenvolvimento das competências profissionais explicitadas na BNC–Formação, instituída nos termos do Capítulo I desta Resolução (BRASIL/MEC, 2019).

Abre uma possibilidade de integralização curricular com tempo mínimo inferior a 4 (quatro) anos, embora tenha 3.200 horas, priorizando-se a EaD aos cursos presenciais e promovendo o aligeiramento da formação, conforme análise já realizada pelas entidades como Anfope, entre outras (VENTORIM, ASTORI & BITENCOURT, 2020, p. 9).

Há que se olhar também para o peso atribuído às atividades práticas em termos de carga horária nas duas resoluções. Em 2007, Kuenzer e Rodrigues, se referindo às Diretrizes Curriculares para o curso de Pedagogia, escrevem sobre a concepção que privilegia a prática e de como ela se materializa nas diretrizes – um texto plenamente atual, cujo enxerto destacamos:

> Esta concepção que privilegia a prática como espaço formativo vai ser o fundamento para a definição dos componentes curriculares na Resolução 02/02, estabelecendo 800 horas de práticas, incluindo o estágio, e 200 horas de atividades complementares, com o que se restringe a 1.800 horas a formação teórica sobre a educação e sobre áreas do conhecimento a ser ensinadas. Desnecessário repetir aqui, as críticas, por demais anunciadas, feitas ao caráter reducionista da formação assim proposta, restrita ao domínio dos conhecimentos escolares, com o que certamente se fragiliza ainda mais a formação docente (KUENZER & RODRIGUES, 2007, p. 52).

Esse mesmo argumento pode servir para compreendermos a R2/2015 e a R2/2019, que concentram quase metade da carga horária dos cursos, destinada à prática. Para alguns teóricos e legisladores, a formação academicista não prepara adequadamente para a docência. Como resposta a essa formação exclusivamente teórica, caminham para o lado oposto. Mas, há que se encontrar o ponto de equilíbrio e compreender o estatuto epistemológico das matérias que integram o currículo de formação inicial e continuada de professores.

Política de valorização

Não há como planejar a formação inicial e continuada de professores sem ancorarmos esse plano numa política de valorização. Ela aponta a direção, a intencionalidade, a concepção de profissionais que se quer formar, bem como os meios e as condições para tal empreitada. Por isso é tão importante que a política de valorização profissional esteja explícita nos documentos legais e nos projetos pedagógicos institucionais. Nesse item temático, a R2/2019 não explicita sua política de valorização, conforme visualizamos abaixo. Não significa dizer que não há política de formação e de que não há parâmetro de comparação. Nesse caso, a política de formação da R2/2019 está implicitamente impressa na política de privatização da formação.

R2/2015	R2/2019
Dos profissionais do Magistério e sua valorização (cap VII) Art. 18. 19, 20 e 21, mais incisos e parágrafos.	Não há menção.

A R2/2015 destina um capítulo (VII), quatro artigos, seus parágrafos e incisos sobre a política de valorização dos profissionais do magistério, definindo responsabilidades aos sistemas de ensino, redes e instituições educativas; explicitando a materialização dessa valorização em termos de carga horária e atividades; definindo formas de acesso, remuneração, entre outros itens constantes nos planos de carreira. A R2/2019 não faz referência alguma à política de valorização do magistério; entretanto, um dos pilares do currículo é o engajamento profissional. Parece estranho que o professor deva se engajar, mas o Estado se exime de estimular esse engajamento, descompromissando-se de uma forte política de valorização do magistério.

A valorização profissional nos parece muito vinculada ao conceito de desenvolvimento profissional. Almeida (2012) entende que este envolve a compreensão de como o professor evolui em sua carreira a partir da sua formação articulada a quatro aspectos da sua atuação: formação continuada, instituição, condições materiais e interação com gestores, coordenadores e demais funcionários. É, portanto,

> o processo gradual e ininterrupto no qual o professor progride por meio das descobertas pessoais e coletivas, requer que a formação se articule com os demais aspectos da atuação dos professores – contexto social de atuação, ética, condições materiais e sociais de trabalho, carreira, salário, jornada, avaliação profissional – e permite considerar a docência como uma profissão dinâmica, em constante evolução, favorecendo a gestação de nova cultura profissional (ALMEIDA, 2012, p. 77).

Logo se vê que esse desenvolvimento para ser gradual e ininterrupto é condicionado, conforme Almeida (2012) define: é preciso que a formação se articule "com os demais aspectos da atuação dos professores", somente assim é possível este avançar por meio das descobertas pessoais e coletivas. Mas estas questões foram ignoradas pelo relator e demais conselheiras, autores da R2/2019.

Apontamentos provisoriamente conclusivos

A formação de professores encaminhada pelo Ministério da Educação, por meio das resoluções n. 2, de 1º de julho de 2015, e a de n. 2, de 20 de dezembro de 2019, espelham avanços e retrocessos, respectivamente. Notadamente no âmbito da garantia da educação pública, encaminhada pela R2/2015, e na política de privatização prevista na R2/2019. Conforme discutido na leitura comparativa, referendada pelas concepções de autores como Allan, Artur e Olinda (2011); Seki, Souza e Evangelista (2017); Freitas (2020); Libâneo e Pimenta (2011); Ventorim, Astori e Bitencourt (2020); Lima (2011); Veiga (2003); Kuenzer e Rodrigues (2007); Almeida (2012), entre outros, a formação de professores caminha para a privatização e desvalorização profissional. A R2/2019 rompe com a articulação entre formação inicial e continuada com claras motivações privatistas, que perpassam seu texto em seu contexto político e econômico. As omissões pontuais, como a política de valorização docente e a formação profissional, tecnológica, reforçam essa política de privatização e precarização da formação de professores.

Diante desse cenário nebuloso, pontuamos a necessidade de enfrentamento à política neoliberal de educação, instalada no Brasil, desde a década de 1990, acirrando-se pelo desmonte da educação democrática a partir de 2017, cujo foco é a mercantilização da educação, mediada pela avaliação regulatória, tendo por meta atingir os melhores escores e uma boa classificação nos testes, difundindo a ideologia de que no mundo do trabalho vencem os melhores (SOKOLOWSKI, 2013, p. 94).

Pontuamos que a R2/2019 apresenta uma política de formação de professores com a qual discordamos, como a centralidade do ensino por competências, concepção instrumental de docência, retrocedendo, desse modo, os avanços da Resolução R2/2015.

E, acompanhando a nota da Anfope e outras entidades nacionais, publicada em 9 de outubro de 2019, reafirmamos nossa posição em defesa da Resolução CNE n. 02/2015, pois esta fortalece uma concepção de formação indissociável de uma política de valorização profissional dos professores para formação, carreira e condições de trabalho e representa um consenso educacional sobre uma concepção formativa da docência que articula indissociavelmente a teoria e a prática, dentro de uma visão sócio-histórica, emancipadora e inclusiva.

Pontuamos, enfim, a necessidade de reestruturação das universidades, valendo-se da sua autonomia pedagógica e administrativa para repensar suas ofertas nas áreas do conhecimento. Nesse sentido, unimo-nos às vozes de Libâneo e Garrido (2011) para que se criem os Centros (Faculdades) de Formação, Pesquisa e Desenvolvimento Profissional de Professores (CFPDs) – local institucional para formação desses profissionais e de onde se encaminhem orientações curriculares para a formação inicial e continuada de professores para atuar na Educação Básica: Educação Infantil, Ensino Fundamental e Ensino Médio. Local também para se desenvolver pesquisas na área de formação e promover o desenvolvimento profissional dos professores não só da Educação Básica, mas também daqueles que atuam no Ensino Superior.

Referências

ALMEIDA, M.I. *Formação do professor do Ensino Superior* – Desafios e políticas institucionais. São Paulo: Cortez, 2012 [Coleção Docência em Formação: Ensino Superior. Coord. Selma Garrido Pimenta].

BRASIL. Diário Oficial da União. *Resolução CNE/CP n. 1, de 27 de outubro de 2020*. Dispõe sobre as Diretrizes Curriculares Nacionais para a Formação Continuada de Professores da Educação Básica e institui a Base Nacional Comum para a Formação Continuada de Professores da Educação Básica (BNC–Formação Continuada). Ed. 208, seção 1, p. 103, publicado em 29 out. 2020 [disponível em: https://www.in.gov.br/en/web/dou/-/resolucao-cne/cp-n-1-de-27-de-outubro-de-2020-285609724. Acesso em 14 nov. 2020].

_____. CONSELHO PLENO. *Resolução CNE/CP n. 2, de 20 de dezembro de 2019*. Define as Diretrizes Curriculares Nacionais para a Formação Inicial de Professores para a Educação Básica e institui a Base Nacional Comum para a Formação Inicial de Professores da Educação Básica (BNC–Formação). 2019 [disponível em https://www. google.com/search?client=firefox-b-d&q=RE-SOLU%C3%87%C3%83O+CNE%2FCP+N+%C2%BA+2%2C+DE+20+-DE+DEZEMBRO+DE+2019. Acesso em 15 jun. 2020].

_____. CONSELHO PLENO. *Resolução n. 2, de 1º de julho de 2015*. Define as Diretrizes Curriculares Nacionais para a formação inicial em nível superior (cursos de licenciatura, cursos de formação pedagógica para graduados e cursos de segunda licenciatura) e para a formação continuada. 2015 [disponível em https://www.google.com/ search?client=firefox-b-d&q=BRASIL%2F+MEC%2FCNE%2F+CONSELHO+PLENO.+Resolu%C3%A7%C3%A3o+n%C2%BA+2%2C+de+1%C2%BA+de+julho+de+2015+. Acesso em 16 jun. 2020].

_____. *Resolução CNE/CP n. 1, de 15 de maio de 2006*. Institui as Diretrizes Curriculares Nacionais para o Curso de Graduação em Pedagogia, licenciatura. 2006 [disponível em https://www.google.com/search?client=firefox-b-d&q=Resolu%C3%A7%C3%A3o+CNE%2FCP+n%C2%BA+1%-2C+de+15+de+maio+de+2006. Acesso em 16 jun. 2020].

_____. MEC/CNE. *Parecer CNE/CEB n. 11/2000 sobre as Diretrizes Curriculares Nacionais para a Educação de Jovens e Adultos*. Relator Conselheiro: Carlos Roberto Jamil Cury. 2000 [disponível em confinteabrasilmais6.mec.gov.br/images/.../parecer_CNE_CEB_11_2000.pdf. Acesso em 16 jun. 2020].

_____. Presidência da República. Casa Civil. Subchefia para Assuntos Jurídicos. *Lei n. 9394/96, de 20 de dezembro de 1996*. Estabelece as Diretrizes e Bases da Educação Nacional. Brasília: MEC, 1996 [disponível em http://www.planalto.gov. br/ccivil_03/leis/l9394.htm. Acesso em 05 jun. 2020].

_____. Conselho Federal de Educação. *Resolução n. 2, de 11 de abril de 1969*. Fixa os mínimos de conteúdo e duração a serem observados na organização do Curso de Pedagogia. *Documenta*, Brasília, n. 100, 1969b, p. 113-117.

COMMISSION OF THE EUROPEAN COMMUNITIES. COMMUNICATION FROM THE COMMISSION. *Making a European Area of Lifelong Learning a Reality*. 2001 [disponível em https://webcache.googleusercontent.com/search?q=cache:KaMhqLmvwfMJ:https://www.europarl.europa.eu/meetdocs/committees/cult/20020122/com(2001)678_en.pdf+&cd=1&hl=pt-BR&ct=clnk&gl=br&client=firefox-b-d. Acesso em 31 out. 2020].

EVANGELISTA, O.; FIERA, L. & TITTON, M. "Diretrizes para formação docente é aprovada na calada do dia". *Mais mercado*. Coluna *Contrapo-*

der, dez.-2019 [disponível em https://contrapoder.net/colunas/diretrizes-para-formacao-docente-e-aprovada-na-calada-do-dia-mais-mercado/. Acesso: 16 jul. 2020].

FREITAS, H. "Entrevista concedida a Rubem Barros". *Trem das letras*, publicado em 8 out. 2019 [disponível em http://tremdasletras.com/professora-defende-retomar-parecer-de-diretrizes-curriculares-de-2015/. Acesso em 27 set. 2020].

_____. "CNE divulga Parecer sobre as DCNs para formação continuada". *Formação de Professores –Blog da Helena* [disponível em https://formacaoprofessor.com/. Acesso em 14 nov. 2020].

KUENZER, A.Z. & RODRIGUES, M.F. "As diretrizes curriculares para o curso de Pedagogia: Uma expressão da epistemologia da prática". *Revista Olhar do Professor*, 10(1) 35-62, 2007. Ponta Grossa [disponível em https://www.uepg.br/olhardeprofessor. Acesso em 30 out. 2020].

LIBÂNEO, J.C. & PIMENTA, S.G. "Formação dos profissionais da educação: Visão crítica e perspectivas de mudança". In: PIMENTA, S.G. (org.). *Pedagogia e pedagogos*: Caminhos e perspectivas. 3. ed. São Paulo: Cortez, 2011.

LIMA, E.F. "Formação de professores – Passado, presente e futuro: O curso de Pedagogia". In: MACIEL, L.S.B. & SHIGUNOV NETO, A. (orgs.). *Formação de professores* – Passado, presente e futuro. 2 ed. São Paulo: Cortez, 2011.

MAGALHÃES, S.M.O. "Formação continuada de professores – Uma análise epistemológica das concepções postas no Plano Nacional de Educação (PNE 2014-2014) e na Base Nacional Comum Curricular (BNCC)". *Revista Linhas*, v. 20, n. 43, mai./ago.-2019, p. 184-204. Florianópolis [disponível em http://dx.doi.org.10.5965/1984723820432019184. Acesso em 30 set. 2019].

SEKI, A.K.; SOUZA, A. & EVANGELISTA, O. "A formação docente superior: Hegemonia do capital no Brasil". *Revista Retratos da Escola*, v. 11, n. 21, jul./dez.-2017, p. 447-467. Brasília [disponível em http//www.esforce.org.br. Acesso em 16 ago. 2020].

VEIGA. I.P.A. "Inovações e Projeto Político-Pedagógico: Uma relação regulatória ou emancipatória?" *Cad. Cedes*, v. 23, n. 61, dez.-2003, p. 267-281. Campinas [disponível em http://www.cedes.unicamp.br. Acesso em 3 nov. 2020].

VENTORIM, S.; ASTORI, F.B.S. & BITENCOURT, J.F. "O desmonte das políticas de formação de professores confrontado pelas entidades acadêmico-científicas". *Jornal de Políticas Educacionais*, v. 14, n. 22, abr.-2020 [disponível em https://www.google.com/search?client=firefox=-b-d&q-VENTORIM. Acesso em 1º out. 2020].

ANFOPE; FORUMDIR; ABdC; SBEnBio; ABRAPEC; ANPUH; FINEDUCA; ANPAE; ANPOF; CUT; CEDES; CNTE; CONTEE; PROIFES; FORPARFOR; FORPIBID-RP; MNDEM; SBEM; SBEnQ; UNCME; UNE; FNPE. *Contra a descaracterização da formação de professores*: Nota das entidades nacionais em defesa da Res. 2/2015, out.-2019.

4
Formação de professores

Uma análise por dentro da Resolução n. 2/2019

Ilma Passos Alencastro Veiga

Introdução

Este artigo objetiva compreender a proposta das Diretrizes Curriculares Nacionais para a formação inicial de professores para a Educação Básica, e a Base Nacional Comum para a formação inicial de professores na Educação Básica (BNC–Formação) definidas pela Resolução CNE/CP n. 2, de dezembro de 2019.

A temática sobre a formação de professores orientada pela referida resolução ganhou espaços nas discussões acadêmicas, principalmente após o Manifesto do Grupo de Trabalho Formação de Professores (GT-8) da Associação Nacional de Pós-graduação e Pesquisa em Educação (Anped) sobre a citada resolução.

O manifesto deixa clara a preocupação com dois fatores importantes: o cenário nacional e a excepcionalidade desse momento histórico. O primeiro:

> [...] o cenário nacional, marcado por uma pandemia (Covid-19) sem precedentes na história recente do país, não é favorável para travar discussões sobre projetos dessa relevância. Isso porque deve-se considerar

que os professores de Educação Básica e do Ensino Superior neste momento, seja individualmente, seja no âmbito das instituições escolares ou ainda no âmbito das entidades de classe, buscam ações para mitigar os efeitos da pandemia sobre os sujeitos escolares e sobre sua própria condição de trabalho (ANPED, 2020).

A Resolução 2/2019 em análise, diante de contexto de transformação, é mostra de que a legislação em pauta tem sido questionada, principalmente, quando a Resolução 2/2015 em fase de implantação e sem os resultados acadêmicos regidos pelos princípios de colaboração, da problematização e da participação, ou seja, culturas fundamentadas num profissionalismo interativo (FULLAN & HARGREAVES, 2001). O segundo:

[...] porque consideramos que a excepcionalidade desse momento histórico não deveria ser utilizada para facilitar a tramitação de políticas educacionais que afetam diretamente milhares de professores, estudantes e gestores educacionais (ANPED, 2020).

Há pelo menos dois pressupostos que o Manifesto/GT-8 coloca nesta discussão e que merecem considerável destaque:

a) "excepcionalidade desse momento histórico";

b) "políticas educacionais que afetam milhares de professores, estudantes e gestores educacionais". E neste contexto de desafios pedagógicos, curriculares e didáticos que originam mudanças nos saberes, nas formas de ensinar, aprender, pesquisar, avaliar, socializar conhecimentos, tecnologias e inovações.

As mudanças são reformistas, marcadas pela "[...] ausência de debates e consultas públicas às entidades acadêmico-científicas, fóruns estaduais e representantes das unidades escolares" (ANPED, 2020). As vozes dos professores, estudantes e entidades acadêmicas, de pesquisa, entidades profissionais e sindicais foram silenciadas.

O que se pretende com essa discussão analítica é adentrar a Resolução 2/2019 para desvelar, compreender e identificar o que a legislação apresenta sobre a formação inicial de professores da Educação Básica e as configurações definidas de forma vertical.

É importante compreender e analisar as Diretrizes Curriculares Nacionais para a Formação Inicial de Professores para a Educação Básica e Base Nacional Comum (BNC) representadas como um conjunto de orientações epistemológicas sobre fundamentos, princípios, procedimentos pedagógicos didáticos e processuais operacionais.

Tais dimensões deverão orientar as Instituições de Ensino Superior, universitárias e não universitárias, na construção dos projetos político-pedagógicos (PPP) da formação de professores que ganham contornos abrangentes e distantes dos fundamentos histórico-críticos que norteiam a Resolução 2/2015 em fase de implantação nas IES.

A nova resolução não rompe com a visão instrumental, tecnicista e pragmatista da formação de professores; pelo contrário, ela a reforça. Essa leitura da legislação permite, a título sugestivo, anunciar as dimensões balizadoras para a análise interna da resolução em pauta, tais como: as dimensões dos fundamentos pedagógicos didáticos e dos procedimentos processuais operacionais.

Dimensões dos fundamentos pedagógicos didáticos

Nesta seção serão analisadas as dimensões dos fundamentos apresentados pela Resolução 2/2019, articulando-as entre si com enfoque na base conceitual; na formação inicial e continuada; na trilogia da formação; na prática da formação e os respectivos princípios; nos docentes como agentes formadores.

Base conceitual

Na busca da base conceitual da Resolução 2/2019, confluem contribuições e correntes teóricas apoiadas na racionalidade técnica e burocrática das competências determinadas de forma vertical e autoritária para produzir um conhecimento utilitário.

A resolução, nessa perspectiva, se baseia nos conhecimentos objetivos definidos via Base Nacional Comum Curricular (BNCC) e na lógica matemática. Esta concepção burocratiza, reparte, dicotomiza e é condicionante da prática pedagógica.

Assim, a resolução propõe mais um treinamento de competências e habilidades. Nesse sentido, os estudantes serão moldados nos termos do trabalho fabril, o que poderá gerar a alienação, passividade, mecanização do trabalho docente e a individualização.

A racionalidade técnica é para regular e controlar a vida acadêmica. Gera um espaço-tempo apolítico, programático e com poder de controle, com discursos gerencialistas, de empreendedorismo e da privatização da formação docente (VEIGA, 2019).

Formação inicial e continuada

As concepções teóricas anteriores estruturam as bases para continuar discutindo os processos formativos delineados na legislação em pauta. O art. 2º define:

> A formação desse docente pressupõe o desenvolvimento, pelo licenciando, das *competências gerais* previstas na BNCC – Educação Básica, bem como das *aprendizagens essenciais* a serem garantidas aos estudantes, quanto aos aspectos *intelectual, físico, cultural, social* e *emocional* de sua formação, tendo como perspectiva o *desenvolvimento pleno*, visando a *Educação Integral* (grifos da autora).

O próprio conceito de formação inicial de professores leva à seguinte indagação: qual é o tipo de professor que subjaz à proposta da Resolução 2/2019? O próprio fato de incorporar os enfoques baseados em competências supõe uma opção face à perspectiva de profissão docente de cunho instrumental e técnico.

O texto legal deixa de lado duas finalidades da educação brasileira, quais sejam: preparo para o exercício da cidadania e qualificação para o trabalho. Uma das características apresentadas é o da Educação Integral, não conceituada na legislação. Vive-se, como afirmam Zabalza e Cerdeirina (2017, p. 34), uma "[...] *síndrome da mudança repetitiva*" (grifo da autora) que sempre volta ao passado.

Há uma preponderância da racionalidade técnico-instrumental sobre a formativa emancipatória e libertadora. Pensar a formação dos professores na perspectiva do passado significa realizar um processo formativo dicotômico entre conhecimento e realidade, entre teoria e prática, trabalho e educação, técnico e político, sujeito e objeto, embasados pelos critérios da eficiência e de eficácia.

Em relação à formação continuada o art. 6º, inciso VIII, da Resolução 2/2019, explicita que:

> [...] a formação continuada que deve ser entendida como *componente essencial* para a profissionalização docente, devendo integrar-se ao *cotidiano* da *instituição* educativa e considerar os diferentes saberes e a *experiência docente*, bem como o projeto pedagógico da instituição da Educação Básica no qual atua o docente (grifos da autora).

Com base no definido, é possível verificar a dicotomia entre formação inicial e a formação continuada. Não se trata de um *continuum* e nem é tratada como um *direito* e *processo* vinculados ao desenvolvimento profissional. Esse processo é permanente e em função das transformações das realidades sociais, políticas e educacionais. Ele envolve a formação e a profissionalização. Nesse sentido, a formação continuada na presente resolução fortalece a justaposição entre a inicial e a continuada.

O amparo legal não estabelece orientações para que o desenvolvimento profissional fique a cargo da escola, dos regimentos e do projeto pedagógico da instituição. As formações inicial e continuada no âmbito do desenvolvimento profissional são momentos distintos, articulados e complementares.

A proposta da Resolução 2/2019 é dicotômica e não expressa organicidade entre a formação inicial e continuada. Desse modo, o processo da constituição de uma profissionalidade docente na perspectiva da racionalidade técnica se estrutura segundo a ideia básica de que a

> [...] prática profissional consiste na solução instrumental de problemas mediante a aplicação de um conhecimento teórico e técnico, previamente disponível, que procede das pesquisas científicas (CONTRERAS, 2002, p. 90).

O autor considera ainda o professor como especialista técnico; com base nessa compreensão a profissionalidade técnica não tem o propósito de analisar "o sentido de ensino e os fins pretendidos" (CONTRERAS, 2002, p. 90). Ela deve ser compreendida em outra racionalidade, ou seja, a do professor como intelectual crítico, investigativo e emancipador.

É importante compreender o significado de profissionalidade docente que, para Sacristán (1995, p. 65), é "[...] a afirmação do que é *específico* na ação docente, isto é, o conjunto de comportamentos, conhecimentos, destrezas, atitudes e valores que constituem a *especificidade* de *ser professor*" (grifo da autora).

Desenvolver processos de formação inicial e continuada envolve a dimensão ética e, de acordo com o citado autor, "[...] está em permanente elaboração, devendo ser analisada em função do momento histórico concreto e da realidade social que o conhecimento escolar pretende legitimar; em suma, tem que ser contextualizado" (SACRISTÁN, 1995, p. 65).

A trilogia da formação: competências, teoria-prática e experiências

Atualmente, três são os pressupostos da formação delineados na Resolução 2/2019 para os cursos de licenciatura, os quais contemplam o art. 5º da citada resolução, que estabelece o seguinte:

> [...] a formação dos professores e demais profissionais da Educação, conforme a Lei de Diretrizes e Bases da Educação Nacional (LDB), bem como os *objetivos* das *diferentes etapas* e *modalidades* da Educação Básica, tem como *fundamentos* (grifos da autora):

> I) a sólida formação, com conhecimento dos fundamentos científicos e sociais de suas competências de trabalho;

> II) a associação da formação entre teorias e práticas pedagógicas;

> III) o aproveitamento da formação e das experiências anteriores, desenvolvidas em instituições de ensino em outras atividades docentes ou na área da Educação.

Embora reconhecendo que a relação entre os três fundamentos foi estabelecida pela Resolução 2/2019, destacam-se alguns aspectos que merecem reflexão. O inciso I apresenta os termos competências de trabalho para uma sólida formação. Deixa confusa a relação entre a sólida formação e os fundamentos científicos.

Cabe destacar que a relação teoria-prática não é apenas uma *associação*, uma *articulação*, uma *união* como explicitada em vários artigos da legislação. A relação teoria-prática dicotômica tem produzido práticas diversificadas.

De um lado, uma formação centrada no fazer, com ênfase na prática, como é a perspectiva da presente resolução, que emprega o termo cinquenta e uma (51) vezes. Por outro, a questão está na centralização da prática ao tratá-la de forma dicotômica.

A relação teoria-prática não é uma associação. Trata-se da relação de unicidade que conduz à práxis. Formar professores pela práxis, como atividade humana de transformação da natureza e da sociedade, como concebe Vasquez (1977), pressupõe a percepção da prática como "atividade objetiva e transformadora da realidade natural e social, e não qualquer atividade subjetiva ainda que se oculte sob a prática, como faz o pragmatismo" (VASQUEZ, 1977, p. 234).

O processo de formação de professores não visa o mercado e a preparação de um consumidor. O desenvolvimento profissional docente na perspectiva da formação emancipatória é centrado nos princípios ético-prático e humano para assumirem papéis sociais no conjunto das ações pedagógico-didáticas.

Como anunciado no inciso III, não ficou esclarecida a questão do *aproveitamento* de *formação* e das *experiências*. Analisando o referido inciso, percebe-se uma pauta formativa que não responde à organicidade das políticas educacionais voltadas à profissionalização e valorização do magistério.

A proposta da Resolução 2/2019 trilha na lógica formativa instrumental embasada pelos critérios de eficiência e eficácia e não pelos critérios da efetividade e da relevância educacional.

Diante da análise pedagógica dessas propostas estratégicas cabe levantar algumas questões: qual modalidade? Qual é o tipo e o nível das experiências? Em instituição pública ou privada? Qual é a carga horária e a relação com o currículo? Como valorizar os conhecimentos e experiências e a partir de quais critérios? É necessário refletir sobre as experiências e o aproveitamento da formação? Não seria um processo de fragilização, fragmentação e empobrecimento da formação? Diante das questões apresentadas, evidencia-se a complexidade do inciso III, aparentemente simples e que pressupõe um aligeiramento profissional. Nóvoa (2009, p. 64) explica

> [...] que um dos grandes perigos nos tempos atuais é uma escola a "duas velocidades": por um lado, uma escola concebida essencialmente como um *centro de acolhimento social, para os pobres*, com uma forte retórica da cidadania e da participação. Por outro lado, uma escola claramente *centrada na aprendizagem e nas tecnologias*, destinada a formar os *filhos dos ricos* (grifos da autora).

Em síntese, o processo formativo de professores gira em torno da escola como centro de acolhimento social para os pobres. Uma formação alienante, fragilizada, desestimuladora.

A situação implica repensar o inciso III e, de forma geral, a revogação da Resolução 2/2019, tendo em vista o "restabelecimento do debate público e republicano com as instituições formadoras de professores, com pesquisadores do campo da formação de professores, com representantes dos movimentos educacionais sociais e sindicais" (ANPED, Manifesto do GT-8, 2020).

Política de formação e os respectivos princípios

É importante destacar o art. 6º da Resolução 2/2019 sobre a política de formação.

> Neste artigo, a política de formação de professores para a Educação Básica, em consonância com os marcos regulatórios, em especial a BNCC, tem como princípios relevantes:
>
> I) formação docente para todas as *etapas* e *modalidades* da Educação Básica, como compromisso do Estado;
>
> II) *valorização* da profissão docente [...]
>
> III) *colaboração* entre os *entes federados* [...]

IV) garantia de padrões de *qualidade* (presencial e à distância);

V) *articulação* entre teoria e prática [...] contemplando a *indissociabilidade*;

VI) *equidade* no processo à *formação inicial* e *continuada*, contribuindo para a redução das *desigualdades sociais*, regionais e locais;

VII) articulação entre *formação inicial e continuada*;

VIII) formação continuada como componente essencial para a *profissionalização docente*;

IX) a compreensão dos docentes como *agentes formadores* de conhecimento e cultura;

X) a *liberdade* de aprender, ensinar, pesquisar e divulgar a cultura, o pensamento, a arte, o saber e o pluralismo de ideias e de concepções pedagógicas (grifos da autora).

De certo modo, a política de formação toma como centralidade a BNCC e apresenta "princípios" relevantes que se confundem com ações e concepções. O art. 6º da política da formação leva ao questionamento: qual é o papel dos docentes na formação do estudante? Como é essa política que apresenta elementos da educação bancária ao longo da presente resolução e que não considera a diversidade, a heterogeneidade e as transformações sociais e educacionais que vão concretizar o art. 67 da LDB 9394/96, o qual explicita a valorização profissional? O horizonte é valorizar os direitos dos professores e profissionais da educação na esteira da formação crítica-emancipatória para a valorização profissional.

A política de formação está na contramão do discurso do ordenamento legal, tais como: a Constituição Federal de 1988, no art. 206

que estabelece, entre outros princípios, "a valorização profissional da educação", e a LDB 9394/96, que define a valorização dos profissionais da educação para o exercício da profissão, bem como a valorização profissional.

O Plano Nacional da Educação, Lei n. 13.005/2014, explicita diretrizes, metas e estratégias para a educação. Na esteira das regulamentações e ordenamentos legais citados, a política de formação prima pela valorização dos profissionais da educação. No entanto, a Resolução 2/2019 fortalece a perda de autonomia dos professores, a perda de controle sobre o processo e produto do trabalho docente, além da precarização do processo da formação. Este é isolado dos vínculos sociais e passa a ser concebido como uma questão objetiva de gestão e de reforma empresarial e instrumental.

Docentes como agentes formadores

O inciso IX do art. 2º destaca a compreensão dos docentes como *agentes formadores* de conhecimento e cultura e, como tal, da necessidade de *acesso permanente* a *conhecimentos, informações, vivência*, e *atualização cultural* (grifos da autora).

Como se depreende, a concepção de docente como agente formador deixa de fora a ideia de trabalho que envolve preocupação e responsabilidade, "[...] supõe sempre um fazer diferente e não mera ação transmissiva" (VEIGA, 2019, p. 483). O cerne dessa questão é o trabalho na educação inovadora. Relação, educação e trabalho envolvem uma prática no âmbito da racionalidade emancipatória e transformadora em que o professor e estudantes deixam de ser produtos para serem sujeitos da história. Trata-se de um trabalho complexo, amplo, transformador, integrado e objetivado pela indissociabilidade entre ensino, pesquisa e extensão, unicidade da teoria-prática, interdisciplinaridade, entre outros princípios fundantes.

Docentes como agentes formadores apresentam as seguintes características: homogeneizadora, autoritária, linear e despolitizadora. Deixa de lado os valores éticos, políticos e sociais, além da concepção de docente com um perfil técnico e instrumental, como agente formador.

Dimensões dos procedimentos processuais operacionais

Essas dimensões são analisadas, a seguir, a fim de se discutir os procedimentos processuais operacionais em que a legislação foi estabelecida com ênfase em: perfil identitário do licenciando; organização processual do currículo; distribuição do tempo e a dimensão organizadora e processual-operacional, organizadora das competências; conhecimentos diversificados do processo formativo.

Perfil identitário do licenciando

Na ótica dos ordenamentos e regulamentações legais, a Resolução n. 2/2019 fixou no art. 2º que a formação docente pressupõe:

> [...] o desenvolvimento, pelo licenciando, das *competências gerais* previstas na BNCC–Educação Básica, bem como das *aprendizagens social* e *emocional* da sua formação, tendo como perspectiva o *desenvolvimento* pleno das pessoas, visando a *Educação_Integral* (grifos da autora).

De modo geral, o art. 2º desenha um perfil identitário do futuro professor da Educação Básica baseado na Pedagogia das Competências (gerais, específicas e habilidades). O perfil está fundamentado na visão da racionalidade técnico-instrumental e tecnicista de "treinamento", o que possibilita o entendimento de que a concepção de competência está ligada à profissionalidade técnica. Segundo Contreras (2002), a prática profissional consiste na solução instrumental de problemas por meio da aplicação de conhecimento teórico e prático.

Para Sacristán (1995), a profissionalidade relaciona-se ao que é específico na ação docente, ou seja, o conjunto de comportamentos, conhecimentos, atitudes, valores e destrezas da ação do ser professor. O enfoque da reflexão técnica situa o perfil identitário do futuro professor como especialista técnico. Ressalta-se que a profissionalidade técnico-instrumental se identifica a partir da inclusão de competência nas reformas educativas, da política de centralidade da BNCC para formação de professores para a Educação Básica.

Organização processual do currículo

A Resolução 2/2019 afirma no art. 7º que:

> [...] A organização curricular dos cursos destinados à formação inicial de professores para a Educação Básica, em consonância com as aprendizagens prescritivas na BNCC da Educação Básica, tem como princípios balizadores:

> Os enunciados exigem um conjunto de conhecimentos, habilidades, valores e atitudes alicerçadas pela prática; direito de aprender dos licenciandos e compromissos com a respectiva aprendizagem; direito de aprender dos interessados; valor social à escola e à profissão docente; fortalecimento da responsabilidade, do protagonismo e da *autonomia* dos licenciandos; *integração entre teoria e prática*; centralidade da *prática* por meio dos estágios; respeito às instituições da Educação Básica como parceiras; engajamento de toda a equipe docente do curso nas atividades do estágio obrigatório; parcerias formalizadas entre as escolas, as redes e as instituições locais; aproveitamento dos *tempos e espaços* da prática, compromisso com *metodologias inovadoras*, projetos *interdisciplinares*, *flexibilização* curricular; avalição da qualidade dos cursos que considerem a *matriz de competências* e os *dados objetivos* das *avaliações* educacionais, além

das *pesquisas científicas* que demonstrem evidências de qualidade da formação; adoção de uma perspectiva *intercultural* e contribuições das *etnias* que constituem a nacionalidade brasileira (grifos da autora).

Trata-se de uma forma de controle do conhecimento curricular denominado de *conhecimento-regulação*. Esse conhecimento é a fonte de inspiração encontrada na base comum curricular como ressalta Souza Santos (1989). O autor, numa posição contrária, propõe o conhecimento-emancipação e, além de uma simples teoria, vê-se a necessidade de transcender a um ensinamento capaz de tornar as diferentes lutas mutuamente inteligíveis e permitir aos atores coletivos "conversarem" sobre as *opressões* a que resistem e as *aspirações* que os anima (SOUZA SANTOS, 1989).

A formação de professores não está direcionada para a perspectiva da emancipação, ao fortalecer a racionalidade técnica e o conhecimento-regulação. Entretanto, é necessário ir além de garantir o conhecimento-emancipação e perseguir os princípios da organização curricular, tais como: unicidade entre teoria-prática, interdisciplinaridade, a contextualização e, principalmente, a indissociabilidade entre ensino, pesquisa e extensão, a criatividade e a criticidade. Nessa perspectiva, observa-se um distanciamento do art. 7º da Resolução 2/2019 para a organização curricular com ênfase mais em ações pragmáticas do que em princípios.

O currículo no âmbito da Resolução 2/2019 é prescritivo e, de acordo com Sacristán (2000), trata-se de um campo das decisões político-administrativa. Reflete as influências do contexto socioeconômico atual bem como das concepções filosóficas e educacionais que são as Bases Nacionais Comum Curriculares (BNCC) fundamentadas na lógica empresarial no âmbito da pedagogia das competências e habilidades.

O processo curricular é tecnicista e estruturado na lógica da racionalidade técnica, esvaziado de conteúdo crítico e que não reconhece as condições precárias do trabalho docente, a valorização e profissionalização dos professores previstos no art. 67 da LDB n. 9394/96. Trata-se de uma organização curricular para a formação de professores de cunho homogeneizadora, centralizadora e fragmentadora.

É um "pacote" elaborado por uma comissão designada pelo governo sem contar com a participação dos professores, pesquisadores, entidades acadêmicas, tais como: Associação Nacional de Pós-graduação e Pesquisa em Educação (Anped), Associação Brasileira de Currículo (ABdC), Associação Nacional da Formação de Professores (Anfope), entre outras.

O que se pode observar é que há uma tensão quando se discute a formação de professores pela lógica da Resolução 2/2019. Veiga e Fernandes da Silva (2018), ao discutirem as críticas das organizações e entidades acadêmicas apresentam, sinteticamente, alguns comentários sobre esses documentos:

a) organização curricular pautada em competência que não considera as diretrizes curriculares nacionais;

b) retirado do texto de referência a identidade de gênero e a orientação sexual;

c) emprego de conceitos anacrônicos e ultrapassados;

d) visão nacionalista dos conteúdos da História do Brasil;

e) retirada da História da África;

f) desconsidera a elaboração dos saberes cotidianos;

g) indicação de conteúdos e conceitos controversos, que não garantem a diversidade;

h) homogeneização das matrizes curriculares e ausência da autonomia das instituições educativas com a lógica de centralização na BNCC.

O que de fato a BNCC representa é uma proposta minuciosa de um currículo nacional. No âmbito dessa perspectiva, a elaboração dos conteúdos curriculares não é mais responsabilidade dos professores e nem da escola. Trata-se de uma proposta, lançada de cima para baixo, de forma autoritária e impositiva. Esse processo curricular precisa ser analisado criticamente e revisado por meio de movimentos e reflexões coletivas.

Furlan e Hargreaves (2000, p. 123) afirmam com propriedade que "[...] quando grandes quantidades de conteúdos são prescritos de fora para dentro, seja por uma comissão, seja por ministério, os professores passam a preocupar-se com a forma de dar conta deles".

Distribuição do tempo e as dimensões processuais operacionais organizadoras das competências

Está prevista nos art. 10, 11 e 12 da Resolução 2/2019 a distribuição do tempo:

> Art. 10 – Os cursos serão organizados em *três grupos*, com carga horária total, de no mínimo 3.200 (três mil e duzentas) horas com o desenvolvimento das *competências profissionais* explicitadas na BNC–Formação, instituída nos termos do cap. I desta resolução (grifos da autora).

Em relação aos três grupos dos art. 11 e 12, determinam-se as seguintes distribuições da carga horária das licenciaturas:

• Grupo I: 800 horas, para a base comum que compreende os conhecimentos científicos, educacionais e pedagógicos. Tem início no 1º ano, a partir da integração das dimensões das competências: conhecimento, prática e engajamento profissional.

• Grupo II: 1.600 horas, para a aprendizagem dos conteúdos específicos das áreas, componentes, unidades temáticas e objetos de conhecimento da BNCC e para o domínio pedagógico desse conteúdo.

• Grupo III: 800 horas, prática pedagógica, assim distribuídas:

a) 400 horas para o estágio supervisionado, em situação real de trabalho em escolas, seguindo o Projeto Pedagógico do Curso (PPC) da instituição formadora;

b) 400 horas para a prática dos componentes curriculares I e II, distribuídas ao longo do curso, desde o seu início seguindo o PPP da instituição.

Vale ressaltar que a distribuição do tempo cronológico transformado em tempo pedagógico reduziu a carga horária do grupo II de 2.200 (duas mil e duzentas) horas destinadas às atividades formativas, de acordo com a Resolução 2/2015, para 1.600 (um mil e seiscentas) horas da Resolução 2/2019.

De acordo com a legislação em pauta, as unidades temáticas e objetos de conhecimento da BNCC–Educação Básica para recuperar e legitimar a formação orientada pelas competências e habilidades baseou-se em três dimensões profissionais docentes: conhecimento profissional, prática profissional e engajamento profissional. São organizadores curriculares que ignoram a existência das Diretrizes Curriculares Nacionais (DCN). Nesse sentido, a Resolução 2/2019 instaura a lógica de centralização da BNCC–Educação Básica (ANPED/ABdC, 2016) na organização processual do currículo.

Veiga e Fernandes da Silva (2018, p. 59) afirmam com convicção que: [...] "O envolvimento *solidário* e *participativo* na organização curricular supõe uma análise *crítica* à BNCC, calcada no *aplicacionismo* instituído de forma vertical e ditatorial para legitimar a política pública" (grifos da autora).

Isso significa que a organização processual curricular é responsabilidade da escola, do corpo docente, dos gestores e profissionais da educação a fim de atender às especificidades do trabalho pedagógico, devendo resultar de um processo interativo.

Conforme Soares e Fernandes (2018, p. 79), deve-se "[...] buscar a compreensão do trabalho pedagógico na perspectiva da colegialidade". Essa compreensão aproxima o trabalho e a escola visando, ainda conforme as citadas autoras, "[...] a superação do desafio posto pela fragmentação do exercício escolar". Isso parece ser uma possibilidade para se trabalhar a formação de professores com ênfase na colaboração, problematização e participação.

Assim, empenha-se no ofício para a formação de professores no bojo da perspectiva emancipatória, dialógica, a fim de criar e construir um pensamento processual e estruturado por uma comunicação aberta para a construção de conhecimentos à luz de fatos históricos, sociais, políticos e humanos (VEIGA & FERNANDES DA SILVA, 2019).

Conhecimentos diversificados do processo formativo

O art. 12º da legislação em pauta delimita a integração das três dimensões das competências profissionais docentes como organizadoras do processo curricular e dos conteúdos: *conhecimento, prática* e *engajamento profissionais* (grifos da autora). Além do conhecimento profissional, o documento legal não explicita claramente o significado e nem outros termos anunciados, tais como: conhecimento educacional, conhecimento científico, conhecimento pedagógico do conteúdo e conhecimento didático da BNCC.

Não há preocupação em estabelecer orientações explicativas sobre as diferentes modalidades de conhecimento. Há, então, perspectivas diversificadas de se compreender o conhecimento no âmbito do currículo. Análises dessa natureza devem permear a concepção, a execução e a avaliação dos processos curriculares.

Não é difícil compreender que a formação de professores, baseada nos arts. 11, 12, 13 e 15 e nos incisos organizados em grupos I, II e III, são detalhados por diferentes temáticas:

a) no Grupo I são tratados os conteúdos de currículo e seus marcos legais; didáticas e seus fundamentos e metodologias, práticas de ensino ou didáticas específicas dos conteúdos (800 horas);

b) o Grupo II compreende o aprofundamento de estudos na etapa e/ou no componente curricular para formação de professores multidisciplinares (Educação Infantil e dos anos iniciais do Ensino Fundamental), professores para os anos finais do Ensino Fundamental e do Ensino Médio (1.600 horas);

c) o Grupo III é a parte para a prática pedagógica articulada desde o 1º ano do curso, sendo 400 horas de estágio supervisionado e 400 horas ao longo do curso, entre os temas dos Grupos I e II.

A partir dessa gama de conhecimentos curriculares apresentados e tendo em vista a impossibilidade de análise de todos os componentes apresentados, e na condição de docente-pesquisadora do campo da Didática, Metodologias e Didáticas Específicas, o foco da leitura analítica-interpretativa incidirá no inciso II do Grupo 1 do art. 12 da Resolução 2/2019. De acordo com a legislação, a Didática e os respectivos fundamentos foram delimitados em torno das seguintes proposições:

[...] a) compreensão da natureza do conhecimento e reconhecimento da importância da sua contextualização na realidade da escola e dos estudantes;

b) visão ampla do processo formativo e socioemocional como relevante para o desenvolvimento, nos estudantes, das competências e habilidades para a vida;

c) manejo de ritmos, espaços e tempos para dinamizar o trabalho da sala de aula e motivar os estudantes;

d) elaboração e aplicação dos procedimentos de avaliação de forma que subsidiem e garantam efetivamente os processos progressivos de aprendizagem e de recuperação contínua dos estudantes;

e) realização de trabalho e projeto que favoreçam as atividades de aprendizagens colaborativas; e

f) compreensão básica dos fenômenos digitais e do pensamento computacional, bem como de suas implicações nos processos progressivos de ensino-aprendizagem na contemporaneidade.

A busca por caminhos para a melhoria da formação de professores em cursos da licenciatura tem ocorrido constantemente com avanços e retrocessos. É importante ressaltar que, ao estabelecer os fundamentos da Didática, a legislação não faz referência aos aspectos conceituais do referido campo de estudo e investigação e de conhecimento formativo. Nas linhas do texto legal não ficou evidente a identidade da Didática.

Dos elementos estruturantes da referida disciplina curricular salientam-se apenas os seguintes: a natureza do conhecimento, o manejo de classe, avaliação, o trabalho com projetos, o pensamento computacional. O conhecimento didático é permeado de fundamentos provenientes da Psicologia como processo formativo e socioemocional.

Há uma omissão quanto às finalidades da educação e os objetivos pertinentes. Para compreender a relevância da relação entre fins, objeto e conteúdo, método, avaliação e recursos didáticos, é preciso ficar claro que eles são complementares, e interdependentes e orientadores do ato de ensinar, e que vão propiciar o movimento da relação pedagógica e produzir a aprendizagem.

Outro aspecto observado é a visão instrumental e técnica da Didática alicerçada na Base Nacional Comum (BNC), descontextualizada e distante das dimensões políticas, sociais, econômicas e, acima de tudo, humana. A Didática Geral ou Fundamental para a formação de professores da Educação Básica "[...] tem como objetivo a Educação Básica, suas intencionalidades, seus fundamentos, suas concepções e suas modalidades; é disciplina obrigatória para os cursos de licenciatura" (VEIGA, 2020, p. 260).

E agora?

Essa indagação reforça que a Resolução 2/2019 foi objeto e ainda é discutida por professores, pesquisadores, gestores e estudantes. O documento legal não rompe com as dicotomias teoria-prática, conteúdo-forma, objetivo-avaliação e professor-aluno, entre outros. Não rompe também com os pressupostos das metodologias, práticas de ensino, de didáticas específicas engessadas e não problematizadas de acordo com o momento histórico, com a contextualização da realidade e comprometimento com os conhecimentos sistematizados que sustentam a formação do estudante, futuro professor.

Se houver resistência às políticas públicas educacionais homogeneizadoras, fragmentadoras e autoritárias, tem-se que compreender o que está invisível ou oculto nas entrelinhas do texto legal como burocratização e controle que prejudicam o processo formativo. Diante de desafios a serem enfrentados pelas instituições universitárias e não universitárias, o que se pretende com essa análise é adentrar internamente a Resolução 2/2019. Este artigo é, portanto, um ponto de partida para ampliar e aprofundar o debate.

Referências

ANPED/ABdC. Associação Nacional de Pós-Graduação e Pesquisa em Educação/Associação Brasileira de Currículo. *Manifesto GT-8 e Anped.* Parecer CNE para BNC–Formação Continuada. Brasília: Conselho Nacional de Educação, 18 jun. 2020 [disponível em https://anped.org.br/news/manifesto-gt-08-e-anped-parecer-cne-para-bnc-formacao-continuada. Acesso em 8 jan. 2021].

_____. *Base Nacional Comum Curricular.* 2016 [disponível em www.anped.org.br. Acesso em 30 set. 2020].

BRASIL/MEC/CNE. *Resolução CNE/CP n. 2, de 20 de dezembro de 2019.* Define as Diretrizes Curriculares Nacionais para a Formação Inicial de Professores para a Educação Básica (BNC–Formação).

_____. *Resolução n. 2, de 1º de julho de 2015.* Define as Diretrizes Curriculares Nacionais para a formação inicial em nível superior (cursos de licenciatura, cursos de formação pedagógica para graduados e cursos de segunda licenciatura) e para a formação [disponível em http://pronacampo.mec.gov.br/images/pdf/res_cne_cp_02_03072015.pdf. Acesso em 8 set. 2020].

_____. *Lei n. 13.005, de 25 de junho de 2014.* Aprova o Plano Nacional de Educação (PNE) e dá outras providências [disponível em http://www.

planalto.gov.br/ccivil_03/_ato2011-2014/2014/lei/l13005.htm. Acesso em 22 set. 2020].

_____. Presidência da República/Casa Civil/Subchefia para Assuntos Jurídicos. *Lei n. 9.394/96, de 20 de dezembro de 1996*. Brasília: MEC, 1996.

_____. *Constituição Federal de 1988* [disponível em http://www.planalto. gov.br/ccivil_03/constituicao/constituicao.htm. Acesso em 22 set. 2020].

CONTRERAS, J. *Autonomia de professores*. São Paulo: Cortez, 2002.

FULLAN, M. & HARGREAVES, A. *Por que é que vale a pena lutar?* O trabalho de equipe na escola. Trad. de Jorge Ávila de Lima. Porto: Porto Ed., 2001.

_____. *A escola como organização aprendente*: Buscando uma educação de qualidade. 2. ed. Porto Alegre: Artes Médicas, 2000.

NÓVOA, A. *Professores*: Imagens do futuro presente. Lisboa: Universidade de Lisboa, 2009.

SACRISTÁN, G.J. *O currículo*: Uma reflexão sobre a prática. Porto Alegre: Artmed, 2000.

_____. "Consciência e ação sobre a prática como libertação profissional dos professores". In: NÓVOA, A. (org.). *Profissão professor*. 2. ed. Porto: Porto Ed., 1995, p. 63-92.

SOARES, E.R.M. & FERNANDES, R.C.A. "O trabalho pedagógico colaborativo no Ensino Fundamental". In: VEIGA, I.P.A. & FERNANDES DA SILVA, E. (orgs.). *Ensino Fundamental*: Da LDB à BNCC. Campinas: Papirus, 2018.

SOUZA SANTOS, B. *Crítica da razão indolente* – Contra o desperdício da experiência. São Paulo: Cortez, 1989.

VASQUEZ, A.S. *Filosofia da práxis*. 2. ed. Trad. Luiz F. Cardoso. Rio de Janeiro: Paz e Terra, 1977.

VEIGA, I.P.A. & FERNANDES DA SILVA, E. "Didática da Educação Superior: Construindo caminhos para a prática pedagógica". IN: CANDAU, CRUZ & FERNANDES (orgs.). *Didática e fazeres* – *Saberes pedagógicos*: Diálogos, insurgências e políticas. Petrópolis: Vozes, 2020.

_____. "A aula como espaço-tempo da relação pedagógica". In: ROCHA, D.; VEIGA, I.P.A. et al (orgs.). *Formação de professores*. Currículo, saberes e práticas pedagógicas. Curitiba: CRV, 2019.

_____. *Planejamento educacional* – Uma abordagem político-pedagógica em tempos de incertezas. Curitiba: CRV, 2018.

_____ et al. *Relação pedagógica na aula da educação superior*. Campinas: Papirus, 2019.

ZABALZA, M.A. & CERDEIRINA, M.A.Z. "Formação e docência na Educação Básica e Superior". In: VEIGA, I.P.A. et al. *Docência, currículo e avaliação*: Territórios referenciais para a formação docente. Curitiba: CRV, 2017.

III
Construindo a formação de professores para a escola pública cidadã

O currículo em foco

5
Coletivos de professores(as) em formação

Instituindo políticas de currículo

Roberto Sidnei Macedo
Renê Silva

Introdução

Apropriar-se de uma teoria de currículo que se pretende teoria-ação curricular-formacional para ressignificá-la na concepção e implementação de uma política pública de formação docente, concebida e implementada por coletivos de professores(as) da Educação Básica, configura-se em experimentações e realizações (in)tensamente generativas, como também numa oportunidade ímpar de se experienciar, num coletivo curriculante docente, *autorizações e mediações curriculares intercríticas* (MACEDO, 2016).

É realçado aqui um encontro curricular-formacional singular, no qual as realizações nascentes deram-se por (in)tensas *com-versações curriculantes*. Foi por uma itinerância formacional intercriticamente propositiva que a União Nacional dos Dirigentes Municipais de Educação (Undime/BA) instituiu o Programa de (Re)elaboração dos Referenciais Curriculares Municipais da Bahia, *construído com* professores, durante seis meses do ano de 2020, num contexto de (in)tensas (re)elaborações curriculares e formacionais on-line, ricas em afirmações locais, debates pedagógicos, políticos, éticos, estéticos e culturais realizados pelos coletivos de professores(as) envolvidos nessa ampla e complexa política curricular-formacional.

Há que se destacar que, mediados pela Undime/BA, e de forma autorizada, os coletivos de professores(as) dos municípios se determinaram a realizar autonomamente a política de concepção e construção do seu referencial curricular, em meio ao movimento estadual da implantação da Base Nacional Comum Curricular (BNCC) e do Documento Curricular Referencial da Bahia (DCRB). É a partir dessa decisão que o Grupo de Pesquisa Formacce, da Faculdade de Educação (Faced), da Universidade Federal da Bahia (UFBA), é convidado para participar desse processo de construção curricular-formacional, na medida em que a Coordenação Pedagógica da Undime/BA entendera que os aportes curriculares, formacionais e metodológicos que esse Grupo de Pesquisa desenvolve e implementa poderiam agregar valor à (re)elaboração dos referenciais curriculares municipais, em termos de concepção, construção e implementação dos seus referenciais, assim como aos seus encaminhamentos formacionais.

Situando a Teoria Etnoconstitutiva de Currículo (Teec)

O conjunto de estudos, pesquisas e experiências formacionais realizado pelo Grupo de Pesquisa Formacce constituiu-se através de algumas singularidades, em grande parte, vindas das circunstâncias das demandas e desafios curriculares e formacionais do seu contexto de atuação. Essas singularidades se apresentam predominantemente através de demandas individuais de professores em formação, de segmentos e movimento sociais, bem como de instituições, nas quais propostas formacionais e lutas por justiça socioeducacional adensam pesquisas, ações e processos formativos.

É assim que o trabalho com a problemática educacional, construída na relação com a heterogeneidade sociocultural, vai desafiar e implicar as práticas desse Grupo de Pesquisa. Habita suas principais *transversalidades* a perspectiva *etnoconstitutiva de currículo e formação*. É nesse contexto que algumas concepções vêm sendo elaboradas e adensadas, como as de *atos de currículo, currículo multirreferencial, etnocurrículo, currículo etnoimplicado, com-versações curriculantes, mediações curriculares intercríticas* e *instituintes culturais da formação*. É nesse contexto *teórico-prático* que emerge a Teoria Etnoconstitutiva de Currículo – Teec (MACEDO, 2016). É também nesse conjunto de práticas e concepções mediadoras que são criados os dispositivos metodológicos advindos da *Etnopesquisa Crítica e Multirreferencial* e da *Etnopesquisa-formação* (MACEDO, 2000; 2009). Vale ressaltar, que o movimento de concepção e implementação do Referencial Curricular Formacional (RCF), seus estudos e debates envolvendo a Teec, elegeu como pertinentes para inspirar e fundamentar suas ações as concepções de *autorização curriculante, atos de currículo, mediações intercríticas em currículo, instituintes culturais da formação* e *com-versações curriculantes*.

Faz-se necessário frisar, que é a inspiração etnometodológica[6] da Teec que a faz compreender que atores e atrizes sociais, como teóricos e autores legítimos das suas realidades, portam condições de *descritibilidade, inteligibilidade, reflexibilidade, analisibilidade* e *sistematibilidade* das suas experiências e realizações, ou seja, produzem pontos de vista, opiniões, definições de situações, organizações e elaborações simbólicas sobre a vida e o mundo, isto é, são criado-

---

6 A etnometodologia é uma teoria do social forjada pelo sociólogo estadunidense Harold Garfinkel. Tem como intenção disponibilizar bases teóricas para se compreender como os atores sociais, por suas ações, interativa e simbolicamente construídas, instituem suas "ordens sociais".

res de *etnométodos*[7] e, com eles, instituem realidades. Explicita-nos Garfinkel (1976), através de seu pensamento etnometodológico, que "nenhum ator social é um imbecil cultural". Para esse autor, com seus *etnométodos*, atores sociais devem ser perspectivados, "para todos os fins práticos", como intérpretes e produtores das suas realidades e, com essa condição, pensam e constituem suas "ordens sociais".

Vale enfatizar que a força e o alcance compreensivo e propositivo da Teec estão no seu viés epistemológico *etno* e na sua especificidade *constitutiva*. Da perspectiva *etno*, currículo, por exemplo, é apreendido a partir da sua ineliminável heterogeneidade e das suas situadas ações cotidianas. Aqui, questões centrais se fazem necessárias. Por exemplo: como as pessoas *pensam-fazem* os currículos cotidianamente? Que *etnométodos* utilizam e como os utilizam para instituir realizações e pontos de vista envolvendo questões curriculares? Como se envolvem nos seus debates e intervenções? Que sentidos impregnam seus *atos de currículo*? Da perspectiva dessa construção teórica, essas questões nos direcionam para possibilidades importantes no sentido da desobjetificação e des-hierarquização do currículo. Enfim, esse é o alcance da sua perspectiva teoricamente heterárquica, perspectival, acionalista, contextualista e culturalmente referenciada.

Concepções curriculares e formacionais etnoconstitutivas mobilizadas no processo de (re)elaboração dos referenciais curriculares

• Atos de currículo

Trata-se de uma construção nocional-curricular constituída numa convergência epistemológica que envolveu demandas/saberes e aportes teóricos acionalistas como a etnometodologia (GARFINKEL,

---

7 Para a etnometodologia, os etnométodos se constituem, para todos os fins práticos, nas maneiras pelas quais atores sociais criam e mobilizam, cotidianamente, compreensões e ações e, com isso, configuram suas realidades e "ordens sociais" (GARFINKEL, 1976).

1976) e o interacionismo simbólico de Mead (1934). Emerge no seu movimento generativo, a fortiori, formas dilatadas de participação da cena educacional, trazendo para a compreensão/intervenção curricular ampliadas e complexas *com-versações curriculantes*.

Atos de currículo nos possibilitam compreender como os currículos mudam pelas realizações dos seus atores, como os atores curriculantes mudam nesse envolvimento, como mudam seus sentidos, ou como conservam, de alguma maneira, suas concepções e práticas. Como *definem as situações* curriculares e têm pontos de vista sobre as questões do currículo, como entram em contradição, produzem ambivalências, paradoxos e derivas, como constroem consensos e debates (MACEDO, 2016).

Ato de currículo como *concepção-acontecimento*, como *concepção-dispositivo*, radicaliza o entendimento sobre a emergência do currículo como uma construção social incessante e interessada. Tem a ver com mediações valoradas, perspectivais, portanto. Assim, não se faz como um a priori. Nesses termos, nos ajuda no trabalho de desobjetificação do currículo e suas práticas, assim como da formação, suas mediações e processos.

Há aqui uma questão importante que acresce à problematização ampliada da concepção de atos de currículo: *atos de currículo, formação em ato?* A resposta é: não necessariamente, porquanto formação é experiência individual e sociocultural valorada e, portanto, irredutível e relacional. Não pode, por conseguinte, ser reduzida a dispositivos mediadores de currículo e formação, como é muito comum. A formação como experiência irredutível e perspectival será sempre uma provocação problematizante aos currículos instituídos.

• *Autorização curriculante*

Entendida como a capacidade adquirida, conquistada de alguém fazer-se a si mesmo(a) autor(a) (ARDOINO, 2012), está ancorada na nossa condição de decidir sobre meios que dependem efetivamente de nós, como princípios que implicam nossa existência propositiva. Esse processo configura-se no ato de *autorizar*-se. O conceito toma importância etnoconstitutiva na medida em que, predominantemente, ações ditas formacionais têm uma longa e violenta história prescritiva e desautorizante.

Isso pode nos deixar à vontade para dizer que a *autoria*, por consequência e em geral, não se faz presença como princípio curricular--formacional. Esses argumentos podem nos indicar que o processo de autorização requer a diferença; ademais, que se autorizar deriva do latim *auctor*, aquele que acrescenta, que funda. Assim, a autorização vai se instituir no exercício do senso crítico e da não subserviência, da relação generativa com o saber curricular. Vai requerer uma relação formacional generativa e intercrítica.

De sentidos constituintes de possibilidades emancipacionistas, a autorização, também como processo de *autonomização* (JOSSO, 2002), alimenta ações social e culturalmente instituintes. A conquista da autorização é o caminho mais fecundo para se experimentar na formação de um processo de autonomização. Nessa perspectiva, Josso (2002, p. 102) nos indaga pertinentemente: "Quais as consequências a retirar para a concepção dos currículos, quando a formação é centrada na integração dos saberes pelo aprendente, para seu processo de formação?

Esses argumentos que entretecem a autorização e a autonomização curriculares são caros à Teoria Etnoconstitutiva de Currículo, assim como guardam um potencial emancipacionista significativo.

• Com-versação curriculantes

Vale dizer que, nesta perspectiva, o dispositivo conceitual *com--versação* assume radical e abertamente um compromisso instituinte, no que concerne aos debates e às decisões curriculares, na concepção e implementação de uma política pública de currículo.

Para a Teec, *as com-versações curriculantes* se constituem no *começo do começo* do trabalho etnoconstitutivo em currículo e formação, seja no que diz respeito à pesquisa, seja nas diversas possibilidades de ação curricular (MACEDO, 2016). Nesse processo, a centralidade é o interesse em trabalhar as questões curriculares escutando sensível e dialogal (BARBIER, 2004; JOSSO, 2002) os sentidos que brotam da *com-versação*, num esforço de compreender como os *etnométodos* dos atores curriculantes vão constituindo suas *descritibilidades, inteligibilidades, analisibilidades* e *sistematicidades* curriculantes, para, munidos das compreensões produzidas neste encontro entre atos de currículo, exercitar as *mediações intercríticas* que objetivarão a composição das decisões sobre o currículo (MACEDO, 2016).

- ## *Mediações curriculares intercríticas*

Como uma atividade intencionada, em que as ações, individuais e coletivas, interativamente *alteram* os diferentes polos da relação, temos que nos questionar sempre sobre o lugar político do qual estamos agindo, ou seja, sobre a qualidade dessas mediações opcionadas.

Com Henri Atlan (1993), fonte de inspiração do conceito de *intercrítica*, verifica-se, no âmago desse processo interativo, uma construção dialógica e dialética, na qual o significativo é a passagem obrigatória pela relatividade da moral e da cultura, nos seus confrontos, que permitirá a existência de múltiplos "eus", cada um deles centro do mundo, ao mesmo tempo que reconhece no *outro* a sua irredutibilidade como único traço comum e, em verdade, universal. Aqui se localiza a centralidade do seu conceito como uma pauta epistemológica e cultural.

A ideia de *mediações curriculares intercríticas* propõe uma disponibilidade conceitual e um processo mediador, ao mesmo tempo em que aponta para uma perspectiva metodológica em currículo

(MACEDO, 2016). Desdobra-se na ideia de que é do encontro generativo de etnométodos, constituídos por uma ética do debate e do argumento entre intencionalidades, que currículo e formação poderão ser propostos e implementados.

Numa síntese, o lastro e a condição para a emergência das *mediações curriculares intercríticas* são as *com-versações curriculantes* (MACEDO, 2016).

• **Instituintes culturais da formação**

Configuram-se em práticas pedagógico-culturais estruturantes e propositivas de processos formativos. Configuram-se sempre em uma ação heurística, ou seja, revelam e criam possibilidades formacionais. Sua dinâmica é movida pelos *etnométodos instituintes* da formação mobilizadas por atores e atrizes sociais situados.

Valorados nos debate curriculantes, os *instituintes culturais da formação* possibilitam um conjunto de mediações e aprendizagens significativas para o cenário das experiências curriculares.

Currículos multirreferenciais

Necessário se faz explicitar o conceito de multirreferencialidade constituído pela epistemologia pluralista de Ardoino (2012) no campo das Ciências da Educação. Para esse epistemólogo:

> A análise multirreferencial das situações, das práticas, dos fenômenos e dos "fatos" educativos propõe-se explicitamente a uma leitura plural de tais objetos, sob diferentes ângulos e em função de sistemas de referências distintos, não supostos redutíveis uns aos outros, eventualmente reconhecidos mutuamente heterogêneos. Muito mais do que uma posição metodológica, é uma posição epistemológica (ARDOINO, 2012, p. 87).

Sob essa ótica, Berger (2012, p. 28), ao se debruçar sobre a análise multirreferencial de Ardoino, aponta que "a insistência, cada vez maior, sobre a pluralidade dos paradigmas e das epistemologias pode criar ilusão; no entanto, jamais essa pluralidade é deduzida, formalizada, ela é primeiro vivida, às vezes brutalmente encontrada [...]". O autor prossegue afirmando que, para Ardoino, "o verdadeiro plural só existe na *heterogeneidade*. A *heterogeneidade* reenvia sempre a alguma coisa da ordem do vivido e da irredutibilidade da temporalidade, do existencial" (p. 28, grifos nossos).

Berger (2012) ressalta ainda que, no entendimento de Ardoino, propositivamente essa mobilização, para articulação de saberes, vai além do entendimento das múltiplas formas em que se configuram os paradigmas e epistemologias das Ciências da Educação. Solicita, portanto, a manifestação de uma certa *poliglossia, condição de acesso à perspectiva do outro.*

Nesses termos, um currículo multirreferencial direciona-se para o trabalho requerido com a heterogeneidade dos *atos de currículo*, acreditando que daí nasce uma formação pautada no pluralismo comprometido intercriticamente com o saber eleito como formativo socialmente referenciado. Trata-se de um currículo como um sistema de acolhida, um sistema aberto. Por ser eminentemente dialógico, abre-se às articulações de saberes e à configuração de um *currículo-devir*.

Por esse ângulo, viveríamos num currículo multirreferencial de articulações possíveis, interconexões possíveis, hibridizações possíveis, fecundadas com as problemáticas vivas do cotidiano. Um *currículo formação* multirreferencial se constitui, acima de tudo, por encontros curriculantes valorados e intercríticos.

A Undime e suas ações formacionais no Programa de (Re)elaboração dos Referenciais Curriculares dos municípios da Bahia

Com sede em Brasília/DF, a União Nacional dos Dirigentes Municipais de Educação (Undime) é uma associação civil sem fins lucrativos, que representa dirigentes da educação de 5.570 municípios brasileiros.

Em cada Estado, a Undime é constituída em seccionais, as quais podem se subdividir em microrregionais, trabalhando de forma articulada com os princípios e as diretrizes da Undime nacional.

A seccional da Undime na Bahia conta, em sua organização, com uma Diretoria Executiva composta por presidente, vice-presidente e mais quatro diretores, e Diretoria Ampliada composta por representantes dos 27 Territórios de Identidade que representam os dirigentes da educação dos 417 municípios do Estado da Bahia.

Dentre os objetivos da Undime, destaca-se o de participar da formulação de políticas educacionais, fazendo-se representar em instâncias decisórias, acompanhando suas aplicações nos planos, programas e projetos correspondentes. A Undime mantém diálogo constante com todas as esferas de governo, com sindicatos, confederações, associações, organizações não governamentais, movimentos sociais, redes e demais entidades da sociedade civil que tenham interesse no processo educacional.

No âmbito das atuais Políticas de Currículo, a Undime participa e compõe o Comitê Nacional do Programa de Apoio à Implementação da Base Nacional Comum Curricular – ProBNCC, instituído pela Portaria MEC n. 331, de 5 de abril de 2018 (BRASIL, 2018). O programa tem como objetivo apoiar as secretarias estaduais, distrital e as secretarias municipais de educação no processo de revisão ou elaboração e implementação de seus currículos, acompanhando e monitorando os fluxos orientadores da BNCC, em regime de colaboração entre estados, federação e municípios.

Como aderente ao Referencial Curricular Estadual, este foi concluído e homologado pelo Conselho Estadual de Educação da Bahia (CEE/BA) apenas em dezembro de 2019, ou seja, um ano após o prazo estipulado pelo Ministério da Educação.

Com isso, no estado da Bahia, houve um atraso na realização do segundo ciclo do ProBNCC que, até outubro de 2020, ainda não havia sido realizado, tendo em seu replanejamento uma nova previsão de realização para o início do ano de 2021, haja vista o contexto da pandemia da Covid-19. Neste cenário houve, por parte da Undime/BA, no início de 2020, a realização de um levantamento da situação do processo de adequação dos currículos locais pelos municípios baianos. Tal levantamento foi motivado ao levar em consideração a Resolução CNE/CP n. 2, de 22 de dezembro de 2017 (BRASIL, 2017), que instituiu e orienta a implantação da Base Nacional Comum Curricular, a ser respeitada obrigatoriamente ao longo das etapas e respectivas modalidades no âmbito da Educação Básica, trazendo no parágrafo único do art. 15 que "a adequação dos currículos à BNCC deve ser efetivada preferencialmente até 2019 e, no máximo, até início do ano letivo de 2020" (BRASIL, 2017).

A Resolução CEE/BA n. 137/2019, de 17 de dezembro de 2019, no seu art. 26, § 1º, estipula que "as redes de ensino ou as instituições escolares deveriam requerer ao CEE/BA a apreciação das propostas pedagógicas e de seus instrumentos executores, até o final do primeiro semestre de 2020" (BAHIA, 2019). A citada Resolução, referendou também o Parecer CEE/BA n. 196/2019 (BAHIA, 2019) que aprovou o Documento Curricular Referencial da Bahia (DCRB), contendo as proposições que indicam às redes e instituições escolares o ordenamento curricular para a Educação Infantil e para o Ensino Fundamental.

Com base nessas premissas legais, toda a adequação dos currículos pelas redes de ensino já deveria ter sido realizada até o início do ano letivo de 2020. No caso da Bahia, tendo em vista a aprovação do DCRB, em dezembro de 2019, o prazo para esta adequação foi revisto para o final do primeiro semestre de 2020.

Contudo, dados do levantamento realizado no período de 20 de janeiro a 12 de fevereiro de 2020, pelo ProBNCC/BA, apontaram que dos

383 municípios respondentes, que representam 91,8% dos 417 municípios baianos, 178 municípios estavam aguardando o processo formacional que seria realizado pelo ProBNCC para iniciar a construção dos referenciais municipais; 156 informaram que iniciaram a construção dos seus referenciais de forma autônoma e 50 com o apoio de consultorias.

Vale dizer que a formação de professores(as) visando a (re)elaboração dos referenciais municipais já deveria ter sido realizada desde 2019; no entanto, foi replanejada para os meses de abril e maio de 2020. Contudo, diante do contexto da pandemia da Covid-19, foi novamente adiada para acontecer no término do período de isolamento social e suspensão das aulas presenciais, com nova previsão para início do ano de 2021.

Diante do primeiro cenário apresentado pelos municípios, a Undime/BA realizou um segundo levantamento entre 19 de fevereiro e 4 de março de 2020, com a intenção de qualificar e confirmar as informações obtidas no primeiro monitoramento. Os 417 municípios responderam ao formulário on-line de monitoramento. Assim, para compreender melhor as etapas do processo de (re)elaboração curricular, solicitou-se que os municípios indicassem a opção que melhor identificasse esse processo, considerando os fluxos de implementação da BNCC/DCRB. Constatou-se que apenas 35 municípios manifestaram desejo de aderir integralmente ao Documento Curricular Referencial da Bahia para Educação Infantil e Ensino Fundamental (DCRB). A maioria, 281 municípios, informou o interesse em aderir ao DCRB, porém com adequações, adaptações e contextualizações locais; 60 municípios sinalizaram o desejo de elaborarem seus respectivos referenciais tendo apenas a BNCC como referência; 31 municípios informaram, na época, que ainda não tinham definido a forma como iriam regulamentar seu referencial curricular e outros 10 manifestaram que estavam buscando outras alternativas, posto que não se adequavam nas opções sinalizadas no levantamento.

A mobilização e a concepção do Programa de (Re)elaboração dos Referenciais Curriculares dos municípios da Bahia

A Undime/BA, percebendo a clara intenção da maioria dos municípios em realizar um processo de elaboração curricular que contemplasse as contextualizações locais, tomou como referência o art. 5º da Resolução CNE/CP n. 2, de 22 de dezembro de 2017 (BRASIL, 2017), que estabelece o seguinte teor: "a BNCC é referência nacional para os sistemas de ensino e para as instituições ou redes escolares e privadas da Educação Básica, dos sistemas federal, estadual, distrital e municipais, para constituírem ou revisarem seus currículos". Compreende assim que, para iniciar um movimento de (re)elaboração de projetos político-pedagógicos, é importante que os municípios tenham, a priori, definido seu respectivo referencial curricular. Também compreendeu ser importante o fomento junto às redes municipais, sobre o que preconiza o art. 6º, também da Resolução CNE/CP n. 2, ao referir que:

> as propostas pedagógicas das instituições ou redes de ensino, para desenvolvimento dos currículos de seus cursos, devem ser elaboradas e executadas com efetiva participação de seus docentes, os quais devem definir seus planos de trabalho coerentemente com as respectivas propostas pedagógicas, nos termos dos art. 12 e 13 da LDB (BRASIL, 2017).

Assim, a Undime/BA optou por realizar *uma ação formacional que pudesse promover amplos debates participativos com os professores das redes públicas municipais da Bahia.* Nessa ação, centrou-se nos subsídios para que os professores refletissem sobre o seu papel como "atores e atrizes curriculantes" no que concerne aos referenciais em pauta e seus "atos de currículos" (MACEDO, 2016), trazendo uma proposta curricular e formacional que pudesse contribuir para possíveis superações e ampliações de especificidades para além do que está posto na BNCC e no Documento Curricular Referencial da Bahia (BAHIA, 2019).

SITUAÇÃO	MUNICÍPIOS	%
Total de municípios do Estado	417	100,0
Total de adesões ao Programa	402	96,4
Concluíram até 14/11/2020	254	63,2
Concluíram em dezembro	44	10,9
Desistências no processo	30	7,5
Não concluíram o Programa	74	18,4
Homologados com evidência	16	3,8

Quadro atualizado fornecido pela Undime/BA, com dados sobre os municípios que trabalharam com o Programa de (Re)elaboração dos Referenciais Curriculares. Dezembro de 2020.

Para implementação dessa ação formacional junto aos municípios, no sentido de proporcionar um *movimento curriculante* que envolvesse efetivamente os professores, a Undime/BA elaborou um Projeto de Ação Formacional buscando estabelecer parcerias que pudessem materializar sua utopia curriculante e formacional – mobilizar professores(as) e *dar-lhes condições para que pudessem, nos seus coletivos, conceber, debater, construir e propor referenciais curriculares para seus municípios.*

Buscou-se inicialmente o diálogo e a parceria com a Secretaria da Educação do Estado da Bahia, propondo, a partir de adequações na proposta de desenho formativo do segundo ciclo formativo, ajustes que pudessem contemplar uma proposta formacional que promovesse um movimento junto aos municípios e seus professores na discussão e elaboração dos referenciais curriculares locais. No entanto, a Secretaria da Educação do Estado da Bahia manifestou justificativas que impossibilitavam a realização de ajustes no Termo de Referência já aprovado no Ministério da Educação para a realização do segundo ciclo de formação prevista pela BNCC, bem como a indisponibilidade de pessoal para traçar ajustes e elaborar material e ambiente virtual para uma ação formacional de tamanha amplitude num contexto de pandemia da Covid-19.

Dessa forma, a Undime/BA mobilizou outros parceiros que pudessem contribuir com a ação proposta. Com a Universidade Federal da Bahia foi estabelecida uma parceria com a Pró-reitoria de Ensino de Graduação, bem como com a Superintendência de Educação à Distância para a elaboração do Ambiente Virtual de Aprendizagem. Com a Faculdade de Educação da UFBA, através do Formacce Faced/UFBA – Grupo de Pesquisa em Currículo e Formação –, foi disponibilizada a participação de curriculistas para o grupo de especialistas do programa. Outra parceria instituída foi com a União Nacional dos Conselhos Municipais de Educação (Uncme), seccional Bahia, uma vez que o processo de (re)elaboração curricular envolveu a participação dos Conselhos Municipais de Educação, enquanto órgãos normativos dos sistemas de ensino. Parte do financiamento da ação formacional foi efetivada através da Fundação Itaú Social. No programa, essa fundação atuou tão somente no suporte financeiro de bolsas para o trabalho dos profissionais que compuseram as equipes do programa. Um dos exemplos de divulgação e mobilização dos municípios da Bahia é o documento intitulado de (Re)elaboração dos seus Referenciais Curriculares.

O programa, seus objetivos e proposições

O objetivo do Programa de (Re)Elaboração dos Referenciais Curriculares dos municípios do estado da Bahia foi o de "realizar ação formativa conjunta para que todos os municípios do estado da Bahia pudessem construir e terem homologados seu referencial curricular, preferencialmente, tendo como base o Documento Curricular Referencial da Bahia, contemplando adaptações/contextualizações locais e territoriais" (Undime/BA, 2020).

Para o alcance desse objetivo, o programa estimulou, orientou a mobilização de cada rede de educação municipal, através das equipes técnicas, gestores, coordenadores escolares, professores e conselheiros municipais de educação. As atividades propostas partiram do estudo sobre concepções de currículo e política de currículo, de educação integral, currículo e formação de professores(as) seguido pelo estudo e análise crítico-propositiva do Documento Curricular Referencial da Bahia (DCRB).

A partir do estudo e análise dos textos introdutórios do DCRB, e através do programa, procurou-se incentivar proposições que contemplassem a concepção de currículo *construída coletivamente pela rede e com a rede* considerando as especificidades locais e territoriais também de uma perspectiva *glocal* (ROBERTSON, 1994). Sem dúvida, *a grande riqueza do programa foi a mobilização junto aos professores das redes de ensino para o exercício da reflexão, da autoria propositiva e da gestão da (re)elaboração dos referenciais curriculares.*

Quanto à construção da gestão pedagógica, esta configurou-se a partir das equipes de coordenação, especialistas, formadores e as Comissões Municipais de Governança formadas pelos municípios. A coordenação do programa contou com representação da Undime/BA, da UFBA e da Uncme, sendo que a representação da Undime/BA efetivou mais diretamente a operacionalização do programa. A equipe de especialistas contou com a participação de três especialistas em currículo, três especialistas de etapas da Educação Básica (Infantil e Ensino Fundamental anos iniciais e anos finais), três especialistas de modalidades da Educação Básica (educação especial, educação de pessoas jovens, adultas e idosas, e de educação do campo, indígena e quilombola), uma especialista em educação integral e um especialista para o Ambiente Virtual de Aprendizagem *Moodle*.

A equipe de formadores contou com 27 profissionais, sendo cada um responsável pelo acompanhamento e orientação de um núcleo formativo, composto por um conjunto de municípios tomando-se como referência os *territórios de identidade* já instituídos pela Secretaria de Planejamento do Estado.

Em cada município foi constituída uma Comissão Municipal de Governança, com representação da Secretaria Municipal da Educação, órgãos colegiados, rede privada, rede estadual, sindicatos e universidades, com a responsabilidade de coordenar os trabalhos em âmbito local. Os professores foram organizados em Grupos de Estudos e Aprendizagens (GEAs) instituídos por etapas e modalidades da Educação Básica e, dentro de cada etapa, por áreas do saber.

A gestão e a dinâmica formacional

Levando em consideração o contexto de pandemia da Covid-19, tendo como uma das consequências as medidas de distanciamento social e suspensão das aulas presenciais em todos os municípios do estado, o programa optou pelo uso de dispositivos tecnológicos digitais como estratégia para envolver todos os professores das redes municipais na formação e, concomitante, na (re)elaboração dos referenciais.

Nesse sentido, a metodologia de formação de professores e trabalho no programa foi pensada para acontecer totalmente on-line. Três estratégias foram usadas no programa visando a realização do processo formacional: a criação do Ambiente Virtual de Aprendizagem no *Moodle*, no qual os membros das Comissões Municipais de Governança também foram cadastrados e puderam ter acesso a todos os materiais de estudos, além de participarem de fóruns de discussões e orientações com os formadores e especialistas; a segunda estratégia foi a realização de *lives* formacionais, tendo como foco a participação dos professores do programa, com objetivo de aprofundar e debater estudos de temáticas elencadas como essenciais para elaboração do referencial curricular, assim como o uso de plataformas de comunicação para a realização de reuniões entre os núcleos formativos, os formadores, as Comissões Municipais de Governança, assim como entre os GEAs.

O material para estudo e orientação foi desenvolvido durante o programa sob a responsabilidade dos(as) professores(as) especialistas. Esses foram imbuídos da elaboração dos cadernos de orientações, assim como da mediação da formação da equipe do programa e realização das *lives* formacionais com os professores(as) dos municípios. Coube aos professores(as) formadores(as) a orientação, o acompanhamento e o monitoramento das atividades em cada núcleo formativo organizado a partir dos municípios.

As pautas formacionais do programa

• *Estratégias e experiências metodológicas*

As *com-versações* curriculantes e *mediações intercríticas* pautaram, de forma transversal, todas as narrativas dialogadas nos *chats*, nos *fóruns*, nas *lives*, bem como nas reuniões on-line com formadores e o coletivo de professores(as). Esses dispositivos eram escolhidos de acordo com as pautas formacionais a serem trabalhadas. Densidade, consistência, debates e explicitações solidárias dinamizaram toda a experiência formacional. Essas pautas formacionais tiveram, como apoio didático, a disponibilização de textos sobre currículo, formação, currículo e formação de professores, assim como políticas de currículo. Nesses termos, possibilitou-se o acesso também a textos, documentários e filmes recomendados pela equipe de professores(as) especialistas e/ou pelos(as) formandos(as). Essa preocupação se consolidou na medida em que os coletivos de professores(as) em formação demonstraram uma densa inquietação quanto à falta de solidariedade explicativa teórico- -conceitual das políticas de currículo e formação no que concerne às temáticas do campo curricular e formacional.

Vale ressaltar que a cada *live* formacional trabalhada, um professor da equipe de professores(as) especialistas socializava para todos(as) o diário formacional (GUERRA, 2014) da aula anterior. Em seguida, abria-se para as discussões sobre o que o diário socializara, configurando-se em mais uma oportunidade formacional importante para todos(as) os(as) formandos(as), a equipe pedagógica, os grupos de professores(as) formadores(as) e professores(as) especialistas.

Havia ainda o acolhimento das dúvidas e sugestões que por acaso não tivessem sido pleiteadas nas *lives*. Essas eram colocadas imediatamente nas *com-versações curriculantes* dos fóruns.

Transversalizava também as discussões a ideia político-curricular de que "escola tem currículo e experiências curriculantes"; portanto, as experiências dos professores(as) com os saberes com os quais trabalhavam eram sempre muito bem-vindas para comporem as mediações formacionais. Concomitantemente, estudos autônomos e debates sobre a BNCC e o DCRB pelos coletivos de professores(as) eram mobilizados, acompanhados pela equipe pedagógica e pelos(as) professores(as) formadores(as).

Coube também aos municípios e seus coletivos de professores(as) as mobilizações municipais ampliadas visando formar grupos de estudos propositivos sobre as temáticas formacionais do programa.

• As temáticas formacionais

Antes de tudo fez-se um denso trabalho formacional sobre as concepções de currículo – partindo-se da premissa de que currículo é uma construção socioeducacional, uma invenção do campo pedagógico –, pelas quais saberes e suas atividades correlatas são concebidos, organizados, institucionalizados e avaliados, visando processos de aprendizagem eleitos como formativos. Para serem compromissados de forma inarredável com a qualificação da formação, atos de currículo, por conseguinte, devem se caracterizar pelo trabalho de conjugação de saberes sociotécnicos, éticos, políticos, estéticos e culturais. Articulado com outros processos e procedimentos pedagógicos, o currículo atualiza-se – os atos de currículo – de forma ideológica. Nesse sentido, veicula uma formação nem sempre explícita (âmbito do currículo oculto), nem sempre coerente (âmbito dos dilemas, das contradições, das ambivalências e dos paradoxos na relação com os saberes), nem sempre absoluta (âmbito das ressignificações, das derivas, das transgressões), nem sempre sólida (âmbito dos vazamentos e das brechas).

No que concerne à política de currículo, deixou-se explícito que esse movimento curricular implica uma proposição sempre situada, configurada na apresentação e publicização de normas, parâmetros, diretrizes e referenciais com o intuito de organizar e normatizar sistemas educacionais, ações, construções e práticas curriculares, levando em conta, ainda, que orientações de políticas de currículo deverão sempre ser objetos de processos de ressignificação, em face dos condicionantes locais com os quais serão inarredavelmente experienciados.

Assim, questionou-se nos debates o centralismo e a excessiva regulação dessas políticas, em geral construídas e ou legitimadas por governos centrais. Reivindicou-se, ademais, que essas políticas sejam pensadas e implementadas a partir de regimes de colaboração construídos entre federação, estados e municípios, ou mesmo que municípios e "territórios de identidade" sejam as fontes primevas dessas políticas, mantendo-se os regimes de colaboração.

Debateu-se, ademais, como as políticas de currículo estão atreladas a políticas de formação, um desafio ainda maior, porquanto questões de formação, enquanto saberes e atividades correlatas a serem aprendidas como dispositivos mediadores e experiência formacional são sensíveis às experiências vinculadas ao mundo do trabalho, da produção, às vocações regionais, às demandas educacionais locais, às experiências culturais e aos sujeitos concretos envolvidos e suas demandas e proposições.

No que tange à concepção de formação, procurou-se centrar nessa concepção como um fenômeno experiencial-aprendente de sujeitos situados, que se caracteriza como uma construção complexa, na medida em que se dá através da conjugação do *saber*, do *saber-fazer* e do *saber-ser*. Dessa perspectiva, a formação é sempre uma construção experiencial valorada. Nesses termos, não se permite compreender por explicações aprioristicas, nem por reduções ou previsibilidades de dispositivos mediadores. Só é acessível, portanto, pelo ato de escuta e compreensões sensíveis e dialogais, bem como de contextualizações e recontextualizações das condições com as quais é construída e experienciada. Em níveis socioeducacionais, deve estar referenciada à sua inarredável qualificação. Por mais que relacional, a formação é sempre uma experiência em movimento (acontecimental e relacional), irredutível (experiencial), generativa (criacional); emerge, portanto, de forma *singular* e *singularizante* (MACEDO, 2020).

Em se tratando de formação de professores(as), trabalhou-se densamente a ideia de um(a) *professor(a)-em-atuação-formando--se*. Tem a ver com a perspectiva de que o aperfeiçoamento da sua profissionalização e do seu labor não se resume a alguma dimensão específica da sua atividade docente, posto que seria uma redução formacional. Além disso, seu processo formativo implica uma vida inseparável da atividade laboral, por mais que essas dimensões devam ser analisadas como distinções. Um(a) professor(a) não se forma fora de um corpo ou só como dinâmica de um feixe de neurônios, como se um cérebro, por exemplo, estivesse fora de uma história de vida social, cultural, ética, estética, política, familiar e espiritual.

Tomando a formação de professores(as) como campo de reflexões, o Grupo de Pesquisa Formacce definiu, em um momento fulcral dos seus debates, que a expressão *formação em atuação* descreveria com mais pertinência a experiência formacional de um(a) professor(a), na medida em que não aparta desse momento pautas relacionais da sua experiência formativa ampliada. Outrossim, estamos diante de uma vida em formação, que implica bioquestionamentos (JOSSO, 2002), portanto, implica sempre entretecimentos profissionais, laborais, ontológicos, epistemológicos, políticos e simbólicos (MACEDO, 2016). Alicerçado nos estudos e debates teóricos, o trabalho formacional centrou-se nas teorias críticas e pós-críticas de currículo. Explicitou-se, por exemplo, que ao fazerem a crítica às visões tecnicista e classista de currículo veiculadas por Bobbitt e Tyler, os teóricos críticos liderados, principalmente, por Michael Apple, Henri Giroux e Peter McLaren, vão indagar sobre o que é que o currículo faz com as pessoas e suas condições sociais, antes mesmo de se interessarem sobre como se faz o currículo. Essa torção ideológica faz com que a crítica implemente a construção de uma outra concepção de currículo, agora desvinculada de qualquer perspectiva neutral. Vinculam-se às ideias de que os currículos são opções formacionais que trazem consigo ideologias e formas instituintes de poder, pautadas muitas vezes na opção de formar para legitimar e perpetuar as relações de classe estabelecidas pelas sociedades capitalistas, entre outras relações, sem que isso, muitas vezes, esteja explicitado. Veicula-se, marcadamente, pelos currículos ocultos e seus atos.

Assimilando a ideia de que o currículo reproduz de alguma forma a sociedade, sua estrutura e dinâmica, seja em níveis classistas, seja em níveis de outras formas de hierarquização, como as exclusões étnico-raciais, por exemplo, a crítica curricular denuncia também o processo de homogeneização veiculado pelo currículo em favor dos grupos hegemônicos e suas cosmovisões. Reivindica, enfaticamente, que as formações assumam a preparação para uma competência política capaz de desvelar as injustiças e, via o ato educativo, afirmar lutas por políticas curriculares justas, tomando como referência a heterogeneidade da sociedade e sua dinâmica no que concerne à divisão social do saber. No centro dessas teorias está a possibilidade de se constituir pela educação e seus currículos um projeto de sociedade pautada na justiça social e na emancipação.

No que se refere às teorias pós-críticas em currículo, os estudos e debates centraram-se na pertinência de uma perspectiva multirreferencial em currículo, na necessidade de uma visão perspectival da verdade, na centralidade do debate sobre a diferença e na crítica às metanarrativas e aos essencialismos criados pela modernidade curricular, que acabam por dificultar perspectivas plurais e localistas de currículo e formação (CORAZZA, 2002; COSTA, 2002; MACEDO, 2016; MOREIRA, 1997; SILVA, 1999).

Com esses estudos e debates, chegou-se à proposta de uma *teoria-ação curricular formacional* concebida como práxis (MACEDO, 2016).

• *Transversalidades fundantes e ampliadas em currículo e formação de professores(as)*

Implicam conexões e atravessamentos que têm uma certa potência ou possibilidades de atravessar conjuntos de saberes, oferecendo-lhes condições de conectividades mais ampliadas e, por consequência, ampliações formacionais para alargar de forma relacional compreensões e aprendizagens.

• *Sobre os modelos curriculares e as políticas de currículo*

Fundamentalmente procurou-se desconstruir a ideia de modelo curricular propondo a concepção de "exemplaridade curricular". Nesses termos, mobilizou-se um processo de crítica às recomendações de padrões curriculares e, ao mesmo tempo, de autonomização frente aos exemplos de modelos curriculares adotados acriticamente pelas políticas de currículo.

• *Sobre os organizadores curriculares e a exemplaridade acolhida*

No âmbito das recentes políticas de currículo, essa concepção é atribuída ao desenho organizador dos componentes curriculares, sua dinâmica, suas transversalidades e atividades correlatas. A perspectiva da exemplaridade trouxe para o Programa de (Re)elaboração dos Referenciais Curriculares dos municípios da Bahia o chamamento para o exercício da *autonomia curriculante* e para o trabalho com o recomendado processo de ressignificação fundamentada das políticas de currículo.

Quanto à exemplaridade do organizador curricular, escolheu-se a exemplaridade do município de São Francisco do Conde. Esse município, de forma autônoma, adiantou-se na construção do seu referencial. Encontrava-se em fase de consulta pública e efetivou durante um ano amplas e densas discussões com seus professores no processo de construção do seu referencial curricular. Ademais, assumiu nos seus debates as orientações da Teoria Etnoconstitutiva de Currículo (MACEDO, 2016), referência principal acolhida também pela Undime/BA para o seu programa.

• *Sobre as dificuldades do processo de implementação do programa*

As seguintes dificuldades emergiram com mais realce: as tensões e os embates teóricos entre especialistas e formadores mobilizaram esforços adicionais e tempo agregado ao cronograma do programa, assim como os ritmos dos municípios para o atendimento das demandas previstas; dificuldade (in)tensa de trabalhar com a autonomia no processo decisório sobre as opções curriculares do município e a tendência à reprodução de documentos curriculares como a BNCC e o DCRB; dificuldades referentes às instabilidades das plataformas virtuais de trabalho em face da intensa demanda do período da pandemia, assim como a carência de estrutura em alguns municípios no que concerne à qualidade de sinal de internet; os ritmos diferenciados de trabalho de algumas instituições parceiras. Essas dificuldades, entretanto, não interferiram na qualificação formacional dos(as) professores(as), conforme as avaliações processuais realizadas das ações do programa junto às equipes e aos(às) formandos(as).

Considerações conclusivas e o devir formacional do programa

O que podemos retirar dessa experiência, em termos de transversalidade de uma política de currículo, é como a municipalização das políticas pode ser significativa para superarmos o grau de autoritarismo e de abstracionismo com o qual as políticas educacionais tornam-se autocentradas e, por consequência, fazem-se ineficazes no que diz respeito às demandas e necessidades curriculares e formacionais concretas das realidades educacionais e suas demandas. Esse é um movimento que pode nos implicar também para efetivação de políticas em escalas outras.

Esse cenário de (re)elaboração de referenciais municipais faz-nos ouvir reivindicações que se repetiram entre os(as) professores(as) envolvidos(as), no sentido de que as políticas de currículo devem começar pelos municípios, vinculadas institucionalmente aos regimes de colaboração celebrados entre estados e a União. Ademais, para nós que estamos experimentando e recontextualizando a Teec nesse momento, esta é uma fulcral reflexão, na medida em que os contextos locais e professores(as) situados(as) em formação passam a ser significativos(as) para se conceber, construir e implementar políticas de currículo e formação e se configurarem como instituintes de diferenciações curriculantes.

Compreendemos que o Programa Undime/BA rompe de forma propositiva com a sua própria história de práticas curriculares reativas diante da chegada aos municípios de políticas de currículo normatizadas por órgãos centrais da educação, e está, nesse momento, por concluir seu propósito autoral como diferença, porque "não sabiam que era impossível, foram lá e fizeram" (COCTEAU, 1995).

Longevo propósito, aliás, de muitos curriculogistas e curriculistas que ainda hoje alimentam o sonho de uma radicalidade democrática configurada na possibilidade de construção de políticas de currículo e formação com ampla e representativa participação de professores(as), seus contextos de atuação e seus coletivos político-profissionais.

O devir do programa já vem sendo projetado pela equipe pedagógica da Undime/BA e o Grupo de Especialistas em Currículo do Formacce Faced/UFBA. Uma das projeções é expandir o programa para uma ação formacional continuada a partir de uma avaliação da primeira ação já implementada, com o objetivo de acompanhar a dinâmica da (re)elaboração e aprovação nos Conselhos Municipais dos Referenciais Curriculares, bem como criar com os coletivos de professores(as) e suas escolas os Observatórios de Currículo e Formação (MACEDO, 2016) em polos da rede educacional dos municípios.

Nesse caso, escolas se organizarão com o acompanhamento da Undime/BA para prosseguir de forma propositiva com os encaminhamentos curriculares e formacionais iniciados pela primeira ação, atualizando nos seus contextos de atuação experiências curriculantes e formacionais para estudarem, debaterem e instituírem, de forma continuada e autônoma, políticas públicas de currículo e formação para professores(as) da Educação Básica.

Por demanda espontânea dos professores de alguns municípios, sinalizações foram feitas no sentido do acompanhamento pela Undime/BA, baseadas nos referenciais curriculares, da construção das matrizes curriculares dos municípios. Surge, ademais, demandas no sentido de que o movimento de (re)elaboração dos referenciais curriculares produza transingularidades para a construção dos projetos pedagógicos institucionais dos municípios e das suas escolas.

Referências

ARDOINO, J. "Pensar a multirreferencialidade" [Trad. Sérgio Borba]. In: MACEDO, R.S.; BARBOSA, J.G. & BORBA, S. (orgs.). *Jacques Ardoino &*

a educação. Belo Horizonte: Autêntica, 2012, p. 87-99 [Coleção Pensadores & Educação].

ATLAN, H. *Com razão e sem ela*. Intercrítica da ciência e do mito. Trad. Fátima Gaspar e Carlos Gaspar. Lisboa: Instituto Piaget, 1993.

BAHIA. CEE. *Resolução n. 137/2019, de 17 de dezembro de 2019*. Fixa normas complementares para a implementação da Base Nacional Comum Curricular – BNCC, nas redes de ensino e nas instituições escolares integrantes dos sistemas de ensino, na Educação Básica do estado da Bahia e dá outras providências [disponível em http://www.conselhodeeducacao.ba.gov.br/arquivos/File/BNCC/ResolucaoCEEn1372019.pdf. Acesso em 25 nov. 2020].

_____. *Parecer n. 196/2019, de 13 de agosto de 2019*. Fixa normas complementares para a implementação da Base Nacional Comum Curricular – BNCC [disponível em http://www.conselhodeeducacao.ba.gov.br/arquivos/File/Pareceres/2019/Parecer_196_2019_CP.pdf. Acesso em 25 nov. 2020].

BAHIA. Secretaria da Educação. *Documento Curricular Referencial da Bahia para Educação Infantil e Ensino Fundamental* – Superintendência de Políticas para Educação Básica. União Nacional dos Dirigentes Municipais de Educação. Salvador: 2019, 475p.

BARBIER, R. *A pesquisa-ação*. Trad. Lucie Didio. Brasília: Liber Livro, 2004.

BERGER, G. "A multirreferencialidade na Universidade de Paris Vincennes à Saint-Denis: O pensamento e a práxis de Jacques Ardoino" [Trad. Sérgio Borba]. In: MACEDO, R.S.; BARBOSA, J.G. & BORBA, S. (orgs.). *Jacques Ardoino & a educação*. Belo Horizonte: Autêntica, 2012, p. 21-33 [Coleção Pensadores & Educação].

BRASIL. IBGE – Instituto Brasileiro de Geografia e Estatística. *São Francisco do Conde-BA* [disponível em https://cidades.ibge.gov.br//brasil/ba/sao-francisco-do-conde/panorama. Acesso em 10 set. 2020].

_____. *Portaria n. 331, de 5 de abril de 2018*. Institui o Programa de Apoio à Implementação da Base Nacional Comum Curricular – ProBNCC, e estabelece diretrizes, parâmetros e critérios para sua implementação [disponível em https://www.siteal.iiep.unesco.org/sites/default/files/sit_accion_files/6393.pdf. Acesso em 25 nov. 2020].

_____. *Resolução CNE/CP n. 2, de 22 de dezembro de 2017*. Institui e orienta a implantação da Base Nacional Comum Curricular, a ser respeitada obrigatoriamente ao longo das etapas e respectivas modalidades no âmbito da Educação Básica [disponível em http://basenacionalcomum.mec.gov.br/images/historico/RESOLUCAOCNE_CP222DEDEZEMBRODE 2017.pdf. Acesso em 25 nov. 2020].

_____. Ministério da Educação. *Base Nacional Comum Curricular*. Ensino Fundamental. Brasília, 2017.

_____. *Lei n. 9.934, de 20 de dezembro de 1996*. Estabelece as Diretrizes e Bases da Educação Nacional [disponível em http://www.planalto.gov.br/ccivil_03/leis/l9394.htm. Acesso em 25 nov. 2020].

COCTEAU, J. *Poésies*. Oeuvres Diverses. Paris: Editions LGF, 1995 [Collection La Pochothèque].

CORAZZA, S.M. "Diferença pura de um pós-currículo". In: LOPES, A. & MACEDO, E. (orgs.). *Currículo* – Debates contemporâneos. São Paulo: Cortez, 2002, p. 79-103.

COSTA, M. "Poder, discurso e política cultural: Contribuições dos estudos culturais ao campo do currículo". In: LOPES, A. & MACEDO, E. (orgs.). *Currículo* – Debates contemporâneos. São Paulo: Cortez, 2002, p. 116-133.

GARFINKEL, H. *Studies in Ethnomethodologie*. Nova Jersey: Prentice Hall, 1976.

GUERRA, D.M.J. "Diários reflexivos como atos de currículo e dispositivos de formação". In: MACEDO, R.S. et al. (org.). *Saberes implicados, saberes que formam* – A diferença em perspectiva. Salvador: EdUFBA, 2014, p. 193-203 [Escritos formacceanos em perspectiva].

JOSSO, M.-C. *Experiências de vida e formação*. Trad. José Cláudio e Júlia Ferreira. Lisboa: Educa, 2002.

MACEDO, R.S. *Léxico crítico-analítico em currículo e formação*: Termos e concepções referenciados na *poiesis* e na práxis curricular. Curitiba: CRV, 2020.

_____. *A teoria etnoconstitutiva de currículo.* Teoria-ação e sistema curricular formacional. Curitiba: CRV, 2016.

_____. *Etnopesquisa crítica, etnopesquisa-formação.* Brasília: Liber-Livro, 2009.

_____. *A etnopesquisa crítica e multirreferencial.* Salvador: EdUFBA, 2000.

MEAD, G. *Mind, Self and Society.* Chicago: Charles W. Morris/University of Chicago Press, 1934.

MOREIRA, A.F. "A formação de professores na universidade e a qualidade da escola fundamental". In: MOREIRA, A.F. *Conhecimento educacional e formação do professor.* São Paulo: Papirus, 1997.

ROBERTSON, R. "Globalisation or glocalisation?" *Journal of International Communication,* v. 1, n. 1, 1994, p. 33-52.

SILVA, T.T. *Documentos de identidade* – Uma introdução às teorias do currículo. Belo Horizonte: Autêntica, 1999.

6
Currículo da formação inicial de professores

Alternativas propositivas

Antonia Edna Brito
Josania Lima Portela Carvalhêdo
Maria da Glória Soares Barbosa Lima

Considerações iniciais

As transformações que vivenciamos no século XXI nos fazem refletir acerca da necessidade de pensarmos a formação de professores como profissionais que, diante das exigências do contexto social incerto e desafiador, buscam alternativas inovadoras para o exercício comprometido e autônomo da profissão professor. Nessa realidade de incertezas e de uma complexidade crescente que se apresenta para o exercício da profissão professor, não podemos restringir a formação inicial docente ao paradigma tradicional, orientada por um currículo prescritivo, fechado, em uma perspectiva limitada e redutora.

Nóvoa (2017) vê a necessidade de que os modelos de formação de professores promovam a renovação da profissão e que esse renovamento se operacionalize com base nas exigências oriundas do exercício da profissão em tempos e contextos determinados, ou seja, pela prática (educativa, pedagógica e docente), propondo um entrelaçamento da formação profissional com o exercício da profissão, promovendo a formação de um perfil de profissionais que contribua com a qualidade do processo educativo.

Percebe, portanto, a necessidade da proposição de um currículo para a formação profissional de professores, a partir de uma perspectiva que, aparentemente, com base em Nóvoa (2017, p. 1.111), "[...] parece simples, mas que define um rumo claro: a formação docente deve ter como matriz a formação para uma profissão", cuja natureza se apresenta complexa e requer inovações constantes. Concordamos com o autor em relação à complexidade inerente à definição de uma matriz curricular para a formação docente, particularmente no atual contexto, haja vista que não se trata apenas da definição de um conjunto de conhecimentos, mas de pensar a profissão e a identidade docente.

O currículo da formação inicial para o exercício de uma profissão, neste caso, a profissão professor, deve ter como foco a aprendizagem docente. Essa aprendizagem, com base em Shulman (apud NÓVOA, 2017), abrange as aprendizagens nas dimensões cognitiva, prática e moral. Respectivamente, essas dimensões correspondem a aprender a pensar como um profissional, a agir como um profissional e a pensar e agir como profissional, de forma responsável e ética. O que significa aprender a pensar como professor? Esse questionamento sugere que a formação inicial constitui um dos *locus* no qual os futuros professores podem acessar as singularidades da profissão e se reconhecerem em processo de constituição da identidade docente, que tem por base os contextos histórico, socioeconômico, político e cultural que definem as características requeridas para o exercício profissional.

Para consolidação das diferentes dimensões das aprendizagens docentes na formação profissional de professores, a proposta curricular no âmbito dessa formação abrange, necessariamente, conteúdos conceituais e factuais para subsidiar os processos de pensar como um profissional; conteúdos procedimentais, que fundamentam o raciocínio inerente aos processos educativos, relacionados ao como fazer ou agir profissionalmente; e os conteúdos atitudinais que subsidiam a tomada de decisão, as intencionalidades do pensamento e da ação do profissional professor, com base nos princípios éticos que norteiam a prática docente, que ocorre em um espaço concreto e em condições singulares. Sendo este último, portanto, segundo Nóvoa (2017, p. 1.122), conteúdos relacionados à ética profissional, que "[...] tem de ser vista, sempre, em relação com a ação docente, com um compromisso concreto com a educação de todas as crianças".

Diante da necessidade de pensar a formação de professores, pela complexidade que envolve o currículo para essa formação, com vistas ao atendimento das necessidades do contexto social, assumimos o objetivo de refletir sobre os elementos essenciais de uma proposta curricular necessária para a formação inicial profissional de professores para a Educação Básica. Ao tratar de formação docente, postulamos que essa modalidade formativa "[...] pode ser compreendida como os processos institucionais de formação da profissão que geram a licença para seu exercício e o seu reconhecimento legal e público", conforme Cunha (2014, p. 793).

Com essa intencionalidade, a estrutura do presente texto contempla três seções. Nas considerações iniciais, a primeira seção, apresentamos o objetivo da escrita, a necessidade de pensar a formação docente sob a ótica da formação profissional do professor, além da organização da estrutura do texto. Na sequência, segunda seção, intitulada "Pensando o currículo para a formação profissional docente: elementos essenciais", caracterizamos o currículo a partir dos elementos que compreendemos serem basilares para a formação profissional do professor, no sentido da sua profissionalização; e, por último, na terceira seção, trazemos as considerações finais sobre alternativas propositivas da formação, discutidas ao longo do texto.

Pensando o currículo para a formação profissional docente: Elementos essenciais

Se a base da formação profissional do professor é o conhecimento, então, comporta indagarmos: Que conhecimentos são necessários ao exercício da profissão? Que aprendizagens docentes devem ser produzidas pelos futuros professores, na formação inicial? Qual o papel do diálogo e da reflexão no desenvolvimento de aprendizagens e conhecimentos profissionais docentes?

Em resposta ao primeiro questionamento, recorremos à Mizukami (2004), para esclarecer que esses conhecimentos têm o propósito de proporcionar ao profissional oportunidades para ampliar e produzir novos conhecimentos a partir de uma base sólida, multidisciplinar, mediante um programa específico. Dessa forma, segundo a autora:

> A base de conhecimento para o ensino consiste de um corpo de compreensões, habilidades e disposições que são necessárias para que o professor possa propiciar processos de ensinar e de aprender, em diferentes áreas do conhecimento, níveis, contextos e modalidades de ensino (2004, p. 38).

Em relação à base de conhecimentos profissionais docentes, Mizukami (2004), considerando os estudos de Shulman (1987), se reporta aos seguintes: conhecimento de conteúdo específico, conhecimento pedagógico geral e conhecimento pedagógico do conteúdo. O conhecimento de conteúdo específico, em conformidade com a autora, "refere-se a conteúdos específicos da matéria que o professor leciona. Inclui tanto as compreensões de fatos, conceitos, processos, procedimentos etc. de uma área específica do conhecimento quanto aquelas relativas à construção dessa área" (p. 38).

O conhecimento pedagógico geral são os relativos às "[...] teorias e princípios relacionados aos processos de ensinar e aprender; conhecimentos dos alunos (características dos alunos, processos cognitivos e desenvolvimento de como os alunos aprendem); conhecimentos de contextos educacionais [...]" (MIZUKAMI, 2004, p. 39). No conjunto, incluem percepções oriundas de outras áreas do conhecimento que fundamentam a área da educação, como a psicologia, a sociologia, a filosofia, a história, entre outras ciências.

A terceira modalidade apontada por Shulman, citado em Mizukami (2004, p. 39), refere-se ao conhecimento pedagógico do conteúdo: "Trata-se de um novo tipo de conhecimento, que é construído constantemente pelo professor ao ensinar a matéria e que é enriquecido e melhorado quando se amalgama os outros tipos de conhecimentos explicitados na base". A produção desse tipo de conhecimento, na formação inicial de professores, pode ser oportunizada no desenvolvimento dos estágios supervisionados e das disciplinas que contemplam a prática como componente curricular, quando os conteúdos das diversas ciências são apropriados pelos professores para que ocorra a ensinagem (ANASTASIOU & ALVES, 2005), na triangulação professor, conteúdo e estudante, nos processos de mediação pedagógica.

Para efetivar a formação do professor como um profissional autônomo, capaz de mobilizar e produzir conhecimentos para a ensinagem, de buscar soluções de problemas relativos à ação de ensinar e de aprender, a apropriação dos conhecimentos não deve ocorrer de forma passiva ou com base na transmissão e na memorização, a exemplo do paradigma tradicional, mas de forma coletiva e dinâmica. Compreendemos que o conteúdo e a forma que balizam e organizam o currículo para a formação inicial de professores, na perspectiva de formação profissional, envolve os seguintes elementos que se constituem essenciais para a produção do raciocínio pedagógico: diálogo, reflexão crítica, pesquisa, aprendizagens ativas, unidade teoria/prática, contato com a profissão, espaços para agir como um profissional, aprendizagem permanente, além da necessidade de aproximação entre os espaços formativos e os de exercício da profissão.

Sobre o papel do diálogo e da reflexão no desenvolvimento das aprendizagens e de conhecimentos profissionais docentes, particularmente como princípio no currículo de formação de professores, salientamos, em primeiro lugar, que o diálogo a ser estabelecido na formação docente, como enfatiza Nóvoa (2017), deve possuir uma riqueza formativa, uma diversificação e uma intencionalidade. Assim, conceber não caracteriza, portanto, uma simples conversa, mas resulta do contato com o conhecimento e com a profissão, um diálogo que vai produzindo o sentir e o agir como profissional, mediado nas interações com o professor formador, com os pares de formação e com professores experientes do campo de atuação profissional. A proposição do diálogo como elemento significativo na formação de professores tem a ver com a ideia de trabalho coletivo e de colaboração, reiterando "[...] a natureza individual e coletiva da aprendizagem profissional da docência" (MIZUKAMI, 2006, p. 3).

O diálogo com os pares, analisando a profissão e a prática docente com suporte nos diferentes conhecimentos profissionais que balizam a formação inicial, pode reverberar no desenvolvimento da reflexão crítica, que é essencial no processo de aprender a pensar como professor. Aprender a pensar como professor, à luz do referencial teórico nesse âmbito, significa pensar "[...] de forma reflexiva num diálogo ou conversa com a prática, ou com diversas situações educativas, construindo sentidos ou significados e, assim, conceber conhecimento no sentido de uma ação competente" (PESSOA, 2011, p. 108). A autora reporta-se ao aprender a pensar como professor enquanto ação fundamentada na reflexividade e na flexibilidade, ou seja, compreende que aprender a pensar como professor "[...] é, assim, construir conhecimentos de forma reflexiva e flexível, no contexto de situações e saberes naturalmente partilhados com o outro [...]" (PESSOA, 2011, p. 108).

No contexto das análises empreendidas pela autora, a reflexão se fortalece e se amplia quando se edifica fundamentada na unidade teoria-prática, seja no contexto da formação profissional, seja no desenvolvimento da prática docente; requisita analisar as complexas situações da profissão com apoio nos diferentes conhecimentos profissionais docentes, notadamente estabelecendo o diálogo com os pares. No sentido explicitado neste estudo, a reflexão transcende os modismos presentes no discurso pedagógico, razão por que consideramos sua viabilidade na formação e na prática docente tanto de modo individual, quanto coletivamente.

É, pois, articulada à reflexão coletiva, sob a égide da unidade teoria-prática, que entendemos a potência do pensar de modo flexível. A autora reconhece que pensar de forma flexível significa "[...] capacidade para estruturar o conhecimento considerando múltiplas ou diversas perspectivas perante as exigências que advêm da complexidade e particularidade das situações (educativas) com que o sujeito se confronta" (PESSOA, 2011, p. 111). Significa, portanto, analisar as situações educativas com abertura para considerar as diferentes perspectivas teóricas que podem iluminar a compreensão e as decisões para a resolutividade da problemática inerente às referidas situações educativas.

Como, então, propiciar, a partir do currículo de formação de professores, o desenvolvimento do pensamento reflexivo e flexível? Na abordagem dessa temática elencamos três aspectos que merecem atenção especial. O primeiro diz respeito às possibilidades de, efetivamente, formar professores reflexivos; o segundo trata sobre pensar de forma flexível e, o terceiro, aborda a importância de inserir na agenda de formação de professores o significado de aprender a pensar como professor. As proposições sobre formação do professor reflexivo não são recentes e têm sido objeto de muitas críticas em face de sua banalização no discurso pedagógico. A propósito das críticas sobre o tema, julgamos pertinente analisar criticamente os modos como a questão da formação reflexiva foi incorporada nos currículos de formação de professores.

A esse respeito, Nóvoa (2009, p. 17) anuncia que, no cenário dessa formação, o "[...] excesso dos discursos esconde, frequentemente, uma grande pobreza das práticas. Temos um discurso coerente, em muitos aspectos consensual, mas raramente temos conseguido fazer aquilo que dizemos que é preciso fazer". O que ocorreu em muitas propostas curriculares para a formação de professores foi, exatamente, a ampliação dos discursos sobre a importância da reflexão como um dos princípios da formação de professores sem que, de fato, fossem criadas as condições para essa reflexão. Ao pensarmos as exigências, neste campo, postas aos professores no século XXI, defendemos a reflexão como princípio formativo que necessita ser sistematicamente planejada para que ocorra de modo efetivo, individual e coletivamente, alicerçada na unidade teoria-prática, posto que a reflexão tem por esteio os fundamentos teóricos para que nos debrucemos sobre a prática.

Na análise do segundo aspecto, é perceptível a inter-relação entre a reflexão e o pensar flexível, pois os professores em formação, ao refletirem sobre as situações da prática, analisam essas situações mediante diferentes perspectivas teóricas, que podem ser confrontadas com suas próprias teorias e, ao mesmo tempo, têm a oportunidade de revisitação e de ampliação de seus conhecimentos. O terceiro aspecto, referente ao aprender a pensar como professor, nos parece uma temática esquecida ou negligenciada no desenvolvimento dos currículos de formação de professores. À guisa de ilustração, reportamo-nos à formação de professores em contextos diferentes do curso de Pedagogia. Por exemplo, na área de Ciências da Natureza, os futuros professores somente parecem descobrir a formação profissional para a docência ao se depararem com as disciplinas pedagógicas. Por esse motivo, reconhecemos que "[...] a formação deve permitir a cada um construir a sua posição como profissional, *aprender a sentir como professor*" (NÓVOA, 2017, p. 1.123).

Segundo o autor, o processo de sentir-se professor requer, na formação inicial, aproximações e partilhamentos com os contextos de desenvolvimento da profissão e com discussões sobre professores experientes. Para tanto, sugere que a criação de vínculos entre universidades, escolas e professores proporciona importantes experiências formativas, bem como possibilita aos futuros professores reconhecimento dos papéis a serem assumidos e das responsabilidades com seus processos formativos. Sugere, também, que a criação desses vínculos indica a relevância dos professores experientes na formação de futuros profissionais de ensino, afirmando que "[...] é necessário atribuir aos professores da Educação Básica um papel de formadores, a par com os professores universitários, e não transformar as escolas num mero campo de aplicação" (NÓVOA, 2017, p. 1.124).

Considerando essas proposições, ratificamos a necessidade de efetivar um currículo de formação de professores que faculte aos futuros professores o encontro com a realidade da profissão docente, em diferentes momentos da formação inicial, posto que apenas as vivências de estágios curriculares supervisionados não parecem suficientes para gerar as necessárias aproximações entre universidades e escolas e para promover a ampliação de conhecimentos profissionais docentes. Essa aproximação entre as instituições formadoras e as instituições de atuação dos egressos, proposta como alternativa para a formação profissional do professor, possibilita a vivência de experiências formadoras.

Entendemos que os estágios curriculares supervisionados são importantes, mas é preciso que sejam desenvolvidos na perspectiva de experiência formadora, visto que, de acordo com Josso (2004, p. 47-48): "[...] essa experiência simboliza atitudes, comportamentos, pensamentos, saber-fazer, sentimentos que caracterizam uma subjetividade e identidades". As experiências formadoras afetam os sujeitos, diante da compreensão de que não são triviais acontecimentos ou vivências, considerando que afetam a duplicidade subjetiva e identitária.

Assim, afora os estágios curriculares supervisionados, ressaltamos a importância da aproximação entre os espaços formativos de professores (universidades, faculdades e institutos) e os espaços de inserção profissional (escolas de Educação Básica, nas diversas modalidades de ensino), no movimento de aproximação das instituições. Partimos da ideia de que a formação inicial de licenciandos para atuação na Educação Básica não pode distanciar-se do espaço de inserção profissional futura. É, portanto, essa aproximação com os espaços de desenvolvimento da prática que significa a teoria que permeia os contextos formativos, que contextualiza, que oportuniza a ampliação das interações com o próprio conhecimento, na relação com a própria prática e com os profissionais inseridos em espaços concretos, pela compreensão do aprendiz como sujeito epistêmico que, num contínuo, alarga sua capacidade de aprender a profissão em razão das situações formativas oportunizadas, vivenciadas, compartilhadas.

Se é importante a aproximação entre contextos formativos e contextos de exercício da profissão, em que medida essa realidade pode se tornar possível? Não obstante existam experiências que promovam essa aproximação, postulamos que, para sua proposição no currículo dos cursos de formação de professores, seja efetivada com fundamento no pressuposto de que a formação deve ser centrada no objeto da profissão. A ideia que preside essa pressuposição é, portanto, assumir uma postura profissional na tomada de decisão relacionada ao como fazer ou como agir profissionalmente, com a intencionalidade inerente à ação do profissional professor, sempre fundamentado nos princípios éticos que norteiam sua prática, o que requer situações reais de ensino/aprendizagem em espaços concretos e em condições singulares, pois, de acordo com afirmações de Pimenta e Lima (2010, p. 35), "o exercício de qualquer profissão é prático, no sentido de que se trata de aprender a fazer 'algo' ou 'ação'".

É bem verdade que não temos uma receita que possa ser utilizada, como queria Comenius (1966) na sua *Didática Magna* (publicada originalmente em 1949), para ensinar tudo a todos, mas reivindicamos que o ensino seja pensado para condições reais, considerando os sujeitos aprendizes dos espaços em que se desenvolve a prática. Dessa forma, as aproximações favorecem a unidade teoria/prática, viabilizando que os estudantes recorram à teoria para resolver as situações-problema que emergem da prática, sempre orientados e supervisionados por profissionais mais experientes, para a sua significação e ressignificação.

Reiteramos, desse modo, sobre a representatividade desses espaços de iniciação à docência dos estudantes ao longo da formação inicial, alertando para que não seja esquecido de que a conclusão do curso de licenciatura não finda a responsabilidade das instituições formadoras com seus egressos. Por isso, propomos que devem existir como parte do currículo dos cursos de formação de professores, na esfera da responsabilidade social das instituições formadoras, programas de acompanhamento dos egressos, colaborando com o processo de sua inserção profissional, principalmente nas redes públicas de ensino. Assim, o desenvolvimento profissional dos professores, que começa na formação inicial, segundo Ramalho, Nuñez e Guathier (2004), prolonga-se em ações de aprendizagem a partir das situações-problema vivenciadas no espaço de trabalho, quando, então, aprende pelo trabalho, para o trabalho, mediante inserção profissional do egresso num processo de maturidade epistêmica (condição que amplia a capacidade de aprendizagem de conteúdos cada vez mais complexos).

Importante que esse egresso permaneça com um vínculo com a instituição formadora, pois o ingresso na profissão pode ser mais ou menos envolvente para a construção da sua identidade em razão dos processos de aprendizagem da profissão oportunizados para seu desenvolvimento profissional e, quando apoiadas por profissionais mais experientes, as situações-problema vivenciadas podem ser ativadoras da maturidade profissional. Ao mesmo tempo, as instituições formadoras recebem um *feedback* quanto às necessidades formativas para o exercício da profissão professor, diante dos desafios vivenciados pelos egressos, tendo a prática profissional como balizadora da estruturação curricular de seus cursos.

Day (2001, p. 266) trata sobre essa questão afirmando que "o desafio das universidades consiste em envolver-se na planificação estratégica para a formulação e resposta a problemas, através da qual aumentará a sua capacidade de responder às agendas das escolas, bem como desenvolver as da própria academia". Portanto, essa aproximação traz benesses também para a melhoria dos processos formativos nas instituições formadoras, bem como para a qualidade do ensino, refletindo sobre os resultados da aprendizagem, nas escolas de Educação Básica.

Embora não seja fácil a estruturação do desenho curricular de aproximação entre os espaços formativos e os espaços de inserção profissional, impõe-se, desse modo, em concordância com Ramalho, Nuñez e Guathier (2004, p. 91), de que

> [...] é necessário alertar para o fato de que essas transformações só acontecerão se as próprias instituições formativas se profissionalizarem nos marcos das novas políticas educacionais que valorizem o papel do docente como profissional e criem condições para essa profissionalização.

Nessa perspectiva, postulamos que as instituições formativas assumam a formação docente como formação profissional, criando condições para a profissionalização dos estudantes, futuros professores, desde a formação inicial, estendendo-se aos egressos, em processo permanente de aprendizagem profissional. Pela compreensão do professor como construtor da profissão respaldado pela formação e pela prática, segundo Ramalho, Nuñez e Guathier (2004), em um processo permanente de aquisição, estruturação e reestruturação de condutas, saberes, habilidades, ética e hábitos, desenvolve-se o profissional para o desempenho de uma determinada função.

A construção da profissionalidade docente requer como condição que o profissional professor aprenda de forma permanente; diz respeito ao "[...] agir profissional" (RAMALHO, NUÑEZ & GUATHIER, 2004, p. 11), cujas aprendizagens são produzidas pelo docente como produtores da sua profissão no desenvolvimento da prática. A aprendizagem permanente orienta-se para a produção da autonomia docente, cujo desenvolvimento começa na formação inicial e, para que se efetive, de acordo com esses autores, os estudantes "[...] precisam de atividades práticas para aprenderem a mobilizar os saberes, fazer transposições didáticas, as atitudes para um agir profissional consciente e competente" (2004, p. 119).

Para compreender a aprendizagem permanente na formação de professores, recorremos a Day (2001, p. 16) que, ao relacioná-la ao desenvolvimento profissional, enfatiza a "[...] aprendizagem que, umas vezes é natural e evolutiva, outras vezes, esporádica; outras, ainda, o resultado de uma planificação". Essa aprendizagem, segundo o autor, demanda, por parte dos professores uma disposição para a aprendizagem ao longo da carreira docente, que compreendemos ter suas raízes e, portanto, seu começo, na formação inicial, afetada por alguns fatores, entre os quais destacamos, de acordo com o teórico: experiências de trabalho, histórias de vida, fases da carreira, condições e contextos sociais e políticos externos, cultura escolar, liderança e apoio dos pares, existência de espaços para a reflexão e para o diálogo e a qualidade e relevância das oportunidades formativas, face às necessidades intelectuais e emocionais do profissional e do contexto em que se insere.

A disposição para a aprendizagem permanente, portanto, tem seu começo na formação inicial de professores e deve perdurar ao longo de toda a carreira docente, fazendo-se necessária para resolver situações-problema que se apresentam na prática. Em uma proposta curricular para a formação profissional do professor, a aprendizagem permanente não ocorre de forma isolada, mas em

160

contextos participativos e colaborativos, essenciais para responder à complexidade dos processos de ensinar/aprender, que envolvem o diálogo, a reflexão e a pesquisa como estratégias de aprendizagem, rompendo com o individualismo e requerendo compromisso dos envolvidos, notadamente com a socialização do conhecimento. Quanto à pesquisa, pois abordamos anteriormente o diálogo e a reflexão como elementos básicos da formação profissional do professor, não estamos propondo transformar o professor em pesquisador, mas que este possa aprender com a investigação de sua prática, tendo em vista que "aprender é sempre um processo de reconstrução no qual o sujeito participa ativamente" (DELVAL, 2012, p. 115). A investigação da prática, pelo profissional professor, inicia com questionamentos para solucionar as situações-problema vivenciadas, buscando agir sobre a realidade. Antes, porém, observa e compartilha, confrontando pontos de vista, além da busca de subsídios teóricos que possam fundamentar sua reflexão. Nessa direção, Delval (2012, p. 127) reforça:

> Na verdade, quando aprendemos de verdade, quando atingimos o que alguns chamam de aprendizagem significativa, estamos formulando conjecturas e pondo-as à prova para ver se se confirmam ou se são rejeitadas pela experiência. [...]. Mas, para isso, é necessário tomar consciência de que existe um problema e encontrar uma solução.

Como afirma esse teórico, a aprendizagem significativa evidencia a relação teoria/prática a partir da problematização da realidade, das conjecturas e da experimentação. Precisa, antes, o profissional enxergar o problema, para ir em busca de soluções, sendo possível, quando foi desenvolvida na formação profissional do professor a percepção crítica da realidade. Portanto, o entendimento é que, a rigor, não existe uma resposta pronta para as realidades complexas e singulares que se apresentam no desenvolvimento da prática, conduzindo o profissional a assumir uma atitude de questionamento, estimulando a produção do conhecimento.

No movimento de investigação da prática, o profissional professor aprende permanentemente qualificando o ensino e, em consequência, promovendo a aprendizagem dos estudantes, pois, segundo Becker (2012), o esforço em conhecer e aprender transforma a realidade, não apenas a realidade se transforma, também o próprio sujeito da ação, na vivência do processo de maturidade profissional.

Por essa razão, a pesquisa deve ser elemento básico na formação profissional de professores que precisam aprender a problematizar a prática, visto que, na perspectiva de Becker (2012, p. 20), o profissional capaz de problematizar sua prática apresenta uma característica que o diferencia dos demais colegas, exercitando sua capacidade teórica e reflexiva,

> [...] transforma sua docência em atividade intelectual cuja empiria (aquilo que ele observa) é fornecida pela atividade de ensino, pela atividade de aprendizagem dos alunos, pela sua própria atividade, pela rebeldia de alguns alunos, pela incapacidade de aprendizagem de outros [...], entre outros dados que brotam do contexto real em que se desenvolve a prática.

Essas atividades intelectuais mais complexas carecem ser fomentadas na formação profissional de professores, com o emprego de metodologias ativas de ensino, como a pesquisa, por exemplo. Portanto, não apenas o conteúdo, mas a forma como o currículo da formação inicial de professores é desenvolvido, reflete no perfil profissional a ser formado, na consideração de que as metodologias ativam "[...] estratégias, técnicas, abordagens e perspectivas de aprendizagem individual e colaborativa que envolvem e engajam os estudantes no desenvolvimento de projetos e/ou atividades práticas (FILANDRO & CALVALCANTI, 2018, p. 12).

Não temos a pretensão de indicar metodologias, pois compreendemos que, embora estejamos tratando da aprendizagem de jovens e adultos, a seleção precisa considerar as diferentes formas de adquirir conhecimento, a diversidade da formação acadêmica e suas variadas exigências de teoria e prática. Entretanto, queremos ressaltar que a escolha de uma metodologia tem que ser um assunto discutido entre professores formadores, seja pelos colegiados de curso, seja pelos núcleos docentes estruturantes (NDE), a fim de encontrar um consenso sobre os caminhos mais apropriados para o conjunto de disciplinas oferecidas no curso, garantindo coerência metodológica entre todas as práticas envolvidas.

Concluímos esta seção ressaltando que as metodologias na formação profissional de professores precisam assegurar aos futuros professores as direções que levam à colaboração e à solução de problemas, ao desenvolvimento do pensamento crítico, da curiosidade e da imaginação, à construção de perfis de liderança por influência, ao desenvolvimento da capacidades de agilidade e de adaptabilidade de iniciativa e de empreendedorismo, à comunicação oral e escrita eficaz e ao acesso a informações para análise, na visão compreensiva de Filandro e Calvalcanti (2018), como condição para seu exercício, no século XXI, numa perspectiva de profissionalização docente.

Considerações finais

É inequívoco que as discussões sobre questões curriculares são complexas e transitam por diferentes campos de conhecimento, o que denota diferentes modos de pensar os processos de formação inicial de professores. Na centralidade dessas discussões, a ausência de políticas de Estado na regulação ou ordenamento da formação concorre para a fragilização dos conhecimentos profissionais docentes e, principalmente, para o processo de desprofissionalização dos professores. Não estamos afirmando a inexistência de políticas de formação de professores. Pelo contrário, reconhecemos a existência dessas políticas, que têm sido implementadas como políticas de governo, resultando em rupturas e descontinuidades que afetam intensamente a formação, a prática e a profissão docente.

Importa registrar, considerando o exposto, que compreendemos a natureza dinâmica e flexível do currículo de formação de professores e que, em decorrência dessas características, necessita ser revisitado diante das demandas emergentes no contexto social, na educação e na prática docente. Compreendemos, igualmente, que na proposição de currículos para a formação de professores urge explicitar, entre outros aspectos, a identidade docente, o reconhecimento de uma base de conhecimentos profissionais, a definição de princípios e diretrizes para essa formação e as singularidades da aprendizagem docente.

Que profissional professor pretendemos formar? Qual sua identidade? Entendemos que esses questionamentos impulsionam decisões relativas aos diferentes componentes de um currículo de formação de professores, seja em relação aos conhecimentos profissionais docentes, seja quanto aos princípios e diretrizes da formação de professores. Pessoa et al (2017) afirmam que as "[...] imagens e papéis atribuídos aos professores têm correspondido modelos de formação distintos com finalidades e estratégias potencialmente diversas". Com efeito, a definição de uma identidade e de uma base de conhecimentos da profissão docente, demarcada nos currículos de formação de professores, incidirá sobre os "modelos" de formação e sobre seus contornos teóricos e metodológicos no desenvolvimento do currículo para a formação desses profissionais.

Pimenta e Lima (2012, p. 33) se posicionam a respeito dessa temática esclarecendo que "[...] os currículos de formação têm-se constituído em um aglomerado de disciplinas isoladas entre si, sem qualquer explicitação de seus nexos com a realidade que lhes deu origem". O posicionamento das autoras contribui para explicitarmos que os conhecimentos da formação de professores carecem de vinculação com a realidade da profissão e da prática docente, de modo que contemplem a unidade teoria-prática, aspecto significativo para a contextualização dos conhecimentos e das aprendizagens auferidas na formação inicial.

As reflexões sobre os conhecimentos necessários à profissão docente nos remetem a ponderações a respeito da definição de princípios e diretrizes para essa formação por serem questões amalgamadas e que afetam, de modo similar, a identidade dos professores e a imagem social da profissão, notadamente quanto às questões do fortalecimento dos processos de profissionalização docente. Para cumprimento deste mister, a perspectiva é delinear uma formação que assegure aos futuros professores o acesso a um lastro de conhecimentos conectados com as demandas do ensino, como atividade complexa e incerta, com as necessidades formativas dos professores, portanto, com a realidade da profissão e do trabalho docente.

A complexidade que caracteriza a formação de professores, considerando as reflexões que empreendemos na tessitura desta produção, indica que não basta tecermos considerações sobre o papel dos formadores e das instituições que formam professores. É preciso atentarmos para a necessidade de buscar mecanismos para que os professores em formação reconheçam que devem assumir o protagonismo em seus processos formativos, transcendendo a condição de meros receptores de conhecimentos profissionais, rumo à condição de sujeitos produtores desses conhecimentos.

Os futuros professores, ao se conscientizarem da co-responsabilidade com suas formações, se implicarão na ampliação e na produção dos conhecimentos profissionais docentes por meio da participação ativa nas aprendizagens docentes, que, embora ocorram na formação profissional, se estendem ao longo dos percursos experienciais dos professores na docência. Sintetizando, precisamos destacar que aprender a ser professor requer domínio de conhecimentos especializados; requer, também, aprender a pensar como professor e aprender a refletir colaborativamente (PESSOA et al., 2017), o que somente será possível diante de currículos de formação inicial de professores flexíveis e compromissados com as singularidades e exigências da profissão professor, observando as demandas de uma sociedade complexa e célere na produção do conhecimento.

Referências

ANASTASIOU, L.G.C. & ALVES, L.P. (orgs.). *Processos de ensinagem na universidade* – Pressupostos para as estratégias de trabalho em aula. 5. ed. Joinville: Univille, 2005.

BECKER, F. "Ensino e pesquisa: Qual a relação?" In: BECKER, F. & MARQUES, T.B.I. *Ser professor é ser pesquisador*. Porto Alegre: Mediação, 2012, p. 11-19.

COMÊNIO, J.A. *Didáctica Magna* – Tratado da arte universal de ensinar tudo a todos. Lisboa: Calouste Gulbenkian, 1966.

DAY, C. *Desenvolvimento profissional de professores* – Os desafios da aprendizagem permanente. Porto: Porto Ed., 2001.

DELVAL, J. "Aprender investigando". In: BECKER, F. & MARQUES, T.B.I. *Ser professor é ser pesquisador*. Porto Alegre: Mediação, 2012, p. 115-128.

FILANTRO, A. & CAVALCANTI, C.C. *Metodologias inovativas na educação presencial, à distância e corporativa*. São Paulo: Saraiva, 2018.

JOSSO, M.C. *Experiências de vida e formação*. São Paulo: Cortez, 2004.

MIZUKAMI, M.G.N. "Aprendizagens da docência: Professores formadores". *Revista e-curriculum*, v. 1, n. 1, dez./jul.-2005/2006.

_____. "Aprendizagem da docência: Algumas contribuições de L.S. Shulman". *Educação*, v. 29, n. 2, jul./dez.-2004, p. 33-49.

NÓVOA, A. "Firmar a posição como professor, afirmar a profissão docente". *Cadernos de Pesquisa*, v. 47, n. 166, out./dez.-2017, p. 1.106-1.133.

_____. *Professores* – Imagens do futuro presente. Lisboa: Educa, 2009.

PEREIRA, F. "Formação de professores e epistemologia do trabalho docente: Novos e velhos desafios sobre a justiça social-escolar". In: FLORES, M.A.; MOREIRA, M.A. & OLIVEIRA, L.R. *Desafios curriculares e pedagógicos na formação de professores*. Ramada/Santo Tirso (PT): Pedago LDA/De Facto, 2017.

PESSOA, T. "Aprender e ensinar com a análise e escrita de casos". In: PESSOA, T. & MARCOS, A.R. (orgs.). *A vida nas escolas* – Casos para a formação de professores. Coimbra: Imprensa da Universidade de Coimbra, 2011.

PESSOA, T. et al. In: FLORES, M.A.; MOREIRA, M.A. & OLIVEIRA, L.R. *Desafios curriculares e pedagógicos na formação de professores*. Ramada/Santo Tirso (PT): Pedago LDA/De Facto, 2017.

PIMENTA, S.G. & LIMA, M.S.L. *Estágio e docência*. São Paulo: Cortez, 2012 [5. ed. 2010].

RAMALHO, B.L.; NUÑEZ, I.B. & GAUTHIER, C. *Formar o professor, profissionalizar o ensino* – Perspectivas e desafios. Porto Alegre: Sulina, 2004.

7
Formação de professores para a Educação Básica

Relações entre currículo e escola

Amali de Angelis Mussi

Considerações iniciais

Com honrosas excepções, as universidades públicas têm revelado uma estranha "indiferença" perante o quadro de degradação da escola, da profissão e da formação de professores. É certo que há, nos planos estratégicos de muitas universidades públicas, declarações de compromisso com a sociedade. Mas é difícil encontrar exemplos concretos, coerentes, do modo como este compromisso se concretiza na área da educação e da formação de professores (NÓVOA, 2017, p. 6).

O pensamento do professor António Sampaio Nóvoa (2017), presente na epígrafe deste artigo, nos instiga a questionar sobre a formação de professores no contexto das Instituições de Ensino Superior, com destaque para as relações entre o currículo de formação e a escola, uma vez que partimos da compreensão de que os cursos de licenciatura têm como pilar estruturante a sólida formação profissional para o exercício da docência na Educação Básica.

Uma temática que envolve os desafios na tomada de posição sobre o papel de uma universidade pública na profissionalização dos professores da Educação Básica, evidenciando o sentido de formação inicial e continuada de qualidade na qual nos importa investir, especialmente no atual momento que vivemos, quando enfrentamos tantas políticas[8] de desvalorização da escola e dos saberes docentes, de perda de autonomia didática e de precarização do trabalho docente. Um período de retrocessos nas políticas educacionais, principalmente a partir do ano de 2018, com a assunção do atual Presidente da República, quando também é possível observar nas ações do Ministério da Educação (MEC) o enaltecimento de um conservadorismo pedagógico e um explícito desrespeito às maiorias invisíveis e grupos vulneráveis, no qual multiplicam-se as desigualdades, as violências e as intolerâncias.

E no bojo dessas perdas e retrocessos, encontra-se a Resolução CNE/CP n. 2/2019, que institui as Diretrizes Curriculares Nacionais para a Formação Inicial de Professores para a Educação Básica e institui a Base Nacional Comum para a Formação Inicial de Professores da Educação Básica (BRASIL, 2019), e revoga a Resolução CNE/CP n. 2/2015, que definia, até então, as Diretrizes Curriculares Nacionais para a formação inicial em nível superior

---

8 A título de exemplo: Projeto de Lei n. 867/2015, denominado de Escola sem Partido; Lei n. 13.415/2017, que propõe a Reforma do Ensino Médio; Emenda Constitucional n. 95/2016, que estabelece um Novo Regime Fiscal, instituindo um teto para gastos públicos primários, vigente por 20 anos.

(cursos de licenciatura, cursos de formação pedagógica para graduados e cursos de segunda licenciatura) e para a formação continuada (BRASIL, 2015).

Para uma breve contextualização, importa destacar que, com a aprovação da Resolução CNE/CP n. 2/2015 (BRASIL, 2015), pela primeira vez na história da formação de professores no Brasil tivemos a produção de um documento orgânico que busca articular a formação inicial e continuada envolvendo as universidades e a Educação Básica. Fruto de um intenso trabalho colaborativo e pensada a partir da defesa por um projeto nacional de educação, da construção de um sistema nacional de educação (DOURADO, 2015), no conjunto de suas diretrizes, a respectiva resolução expressa a concepção e os princípios de uma *base comum nacional* para a formação de professores construída pelo movimento dos educadores. Uma base comum nacional que considera a docência como ação intencional e comprometida com o ensino, propõe avanços na organização curricular dos processos formativos ao reconhecer que a formação de professores pressupõe sólida formação científica, cultural, interdisciplinar e densa formação profissional que envolve o domínio de conhecimentos específicos, pedagógicos e multiculturais, que respeitem a diversidade e valorizem a inclusão de todos, indistintamente.

Observa-se na Resolução CNE/CP n. 2/2015 (BRASIL, 2015) um cuidado com a inserção profissional de licenciandos, enaltecendo, em suas diretrizes, programas de formação, tais como o Programa Institucional de Bolsas de Iniciação à Docência (Pibid) e Programa de Residência Pedagógica, como espaços formativos que devem ser valorizados nos processos de aprendizagem profissional. Explicitamente, a Educação Básica é valorizada em toda proposta de organização curricular, como um dos elementos centrais do processo formativo. E indo além, estabelece orientações para garantir a articulação entre ensino, pesquisa e extensão como princípio pedagógico essencial ao exercício da profissão docente e da prática educativa. De acordo com Gonçalves, Mota & Anadon (2020, p. 365),

> observa-se que a partir das proposições presentes na Diretriz de 2015, a proposta curricular para a formação de professores rompe com a lógica das competências presente no conjunto de diretrizes pós-LDB e que marcaram as discussões curriculares no final da década de 1990 e início dos anos de 2000. Trouxeram para o debate da formação de professores temas caros à profissão docente, como as questões pedagógicas, a gestão educacional e as temáticas que envolvem a diversidade de sujeitos, culturas e saberes no contexto escolar.

Trata-se, portanto, de uma resolução que busca dar conta da formação inicial e da formação continuada, na perspectiva de valorização dos profissionais do magistério comprometida com a defesa da democracia, da cidadania, da igualdade e da equidade nos grupos sociais (DOURADO, 2015; DOURADO & TUTTMAN, 2019).

Em contraposição, a Resolução CNE/CP n. 2/2019 (BRASIL, 2019), ao instituir as novas Diretrizes Curriculares Nacionais para a Formação de Professores, rompe totalmente com as conquistas qualitativas para a formação e valorização profissional docente expressas na Resolução CNE/CP n. 2/2015 (BRASIL, 2015). Ela retoma lutas até então vencidas pelos educadores e movimentos não governamentais, a exemplo de beneficiar o retorno da formação docente para espaços não universitários, distanciando a formação de professores da produção de conhecimento em instituições de Ensino Superior pela oportunidade de vivenciar o tripé ensino, pesquisa, extensão (EVANGELISTA, FIERA & TITTON, 2019; ANFOPE, 2021).

Outra grande perda que tivemos com a aprovação da Resolução CNE/CP n. 2/2019 (BRASIL, 2019) é de que ela apresenta uma concepção reducionista de docência, tendo como função principal o domínio de um conhecimento prático (não que ele não seja importante, mas há uma supervalorização do saber fazer, enfraquecendo, com isso, a unidade teoria e prática), e de aplicação da Base Nacional Comum Curricular, BNCC (BRASIL, 2017), requerendo que o professor se torne, limitadamente, um "aplicador de currículo" (UFU, 2020).

De fato, com apoio em Bazzo e Scheibe (2019), Evangelista, Fiera e Titton (2019) e Silva (2020), consideramos que a Resolução CNE/CP n. 2/2019 (BRASIL, 2019) representa um empobrecimento da formação de professores, privilegiando uma formação rasa, tecnicista, padronizada e pragmática. É impressionante como, em um curto espaço de tempo (entre 2015 e 2019), no apagar das luzes, a formação de professores, historicamente depreciada, quando se consegue dar um sólido passo para a sua qualificação, regride e novamente é apequenada pela descaracterização dos cursos de licenciatura e empobrecimento da formação de professores no Brasil. Um contexto que exige das Instituições de Ensino Superior (IES) a atitude de, coletivamente, insurgir, uma atitude necessária de luta e resistência a esse contexto e que nos implica enquanto sujeitos históricos na defesa da educação emancipatória.

Portanto, retornando à epígrafe, nos sentimos instigadas a destacar, neste estudo, o lugar da formação de professores no contexto das IES, com destaque para as relações entre o currículo de formação e a Educação Básica, através da proposta institucionalizada de Formação de Professores na Universidade Estadual de Feira de Santana (UEFS, 2018).

Assim, buscamos neste artigo contribuir para defender e responder aos desafios postos pela Resolução CNE/CP n. 2, de 1º de julho de 2015, que define as Diretrizes Curriculares Nacionais para a formação inicial em nível superior e para a formação continuada, com notoriedade ao que, concordando com Nóvoa (2017b), consideramos basilar nesse contexto: a necessidade de se pensar e se fazer mudanças institucionais profundas que reforcem os pilares centrais da formação de professores como uma sólida formação profissional universitária, materializada em propostas de formação de professores que coloquem a Educação Básica como um eixo central do processo formativo.

Formação de professores e currículo: Entrelaçamentos na constituição da proposta institucional

Estamos perante um momento crucial da história dos professores e da escola pública. Precisamos repensar, com coragem e ousadia, as nossas instituições e as nossas práticas. Se não o fizermos, estaremos a reforçar, nem que seja por inércia, tendências nefastas de desregulação e privatização. A formação de professores é um problema político, e não apenas técnico ou institucional (NÓVOA, 2017b, p. 1.111).

Elegemos o epitáfio por ser um alerta de Nóvoa (2017b) para o contexto brasileiro, onde ressalta que a formação de professores é um problema político, e não apenas técnico ou institucional, o que requer muita luta pela institucionalização de políticas educacionais que a valorizem, e também para destacar o esforço que as instituições públicas de Ensino Superior, em sua grande maioria, vêm realizando na defesa de uma concepção de formação de professores como um processo contínuo e de identidade própria, articulada a um projeto institucional que ampare uma formação profissional indissociável de reconhecimento da função social e formativa da escola e de uma política de valorização profissional dos professores (DOURADO, 2015).

A Universidade Estadual de Feira de Santana (UEFS), instituição pública com 45 anos de existência e forte referência na formação de professores no estado da Bahia, é uma das instituições de Ensino Superior que, com coragem e ousadia, tem envidado esforços, especialmente com a aprovação da Resolução CNE n. 2/2015, para estabelecer um diálogo institucional e produzir coletivamente uma proposta institucional de formação de professores.

Assumir institucionalmente a tarefa de elaboração da proposta institucional reforça o princípio de que a universidade pública tem como uma de suas funções sociais e políticas fundantes a valorização da formação de professores da Educação Básica, o que inclui a busca pela organicidade dessa formação, sem descurar das demais questões inerentes à valorização desses profissionais. Princípio caro para nós, que, como bem colocam Gabriel e Leher (2019, p. 223), "não ocorre em terreno pacífico e exige posicionamentos firmes nas disputas sobre a legitimação do lócus responsável por essa formação".

Embora a comunidade universitária tenha sido motivada a participar, esse processo envolveu principalmente a Pró-reitoria de Ensino de Graduação, na articulação geral dos coletivos: o Departamento de Educação, na coordenação da proposta e que, com protagonismo, organizou um Grupo de Trabalho (GT) neste departamento para estudos, escuta do coletivo e produção da proposta inicial; a Câmara de Ensino de Graduação, com representantes de todos os colegiados de cursos de graduação, e, vinculado à essa Câmara, o Fórum das Licenciaturas da UEFS, instalado em 2017, local que sediou os debates para a elaboração, paulatina, crítica e de muitas idas e vindas, do projeto que propõe identidade comum aos cursos de licenciatura e as referências curriculares balizadoras para a elaboração dos respectivos projetos pedagógicos de cada um dos cursos.

O Departamento de Educação da UEFS tem uma sólida inserção nos estudos e pesquisas sobre a formação de professores, o que o levou a assumir a tarefa de subsidiar a proposta de política de formação de professores em nível institucional, bem como oferecer orientações para contribuir na produção dos currículos das licenciaturas na Universidade Estadual de Feira de Santana.

Nesse sentido, o Departamento de Educação, com seus grupos de pesquisa e fóruns institucionais, vêm se debruçando, há algum tempo, não apenas com o objetivo de acompanhar a dinâmica nacional dos fóruns de discussões sobre formação de professores, mas, sobretudo, de contribuir para o debate quanto ao fortalecimento da dimensão educativa e pedagógica dos cursos de licenciatura no âmbito da UEFS, amparando os processos de reformulação curricular (UEFS, 2018, p. 5).

O Fórum das Licenciaturas[9] representou a estratégia adotada para a dinamização da política de formação de professores na UEFS. Sua composição e atribuições foram pensadas para garantir a escuta sensível e o debate democrático acerca das concepções e propostas então vigentes nos cursos de formação, assim como o respeito aos princípios pactuados coletivamente. Não é demais destacar que a sua implantação trouxe uma nova perspectiva e valorização sobre os cursos de licenciatura, articulando sujeitos, territórios, saberes em torno do processo de formação que, até então, se apresentava como um campo de disputas por "campos de formação" muitas vezes difuso, endógeno ou distante da sua essência, a formação de professores.

A realização de um estudo sobre o contexto de cada curso de licenciatura possibilitou a identificação dos "gargalos" presentes na articulação entre os componentes curriculares e seus respectivos pré-requisitos, metodologias e processos avaliativos valorizados para o desenvolvimento das propostas pedagógicas, como também a identificação dos componentes com alta taxa de reprovação e suspeitas de possíveis motivos da evasão em cada contexto. Um exercício íntimo dolorido, onde se buscou compreender e não julgar, uma vez que não há verdades constatadas que possam ser consideradas, tornando-se assim um exercício coletivo da (auto)crítica como fator inerente ao próprio fazer universitário.

---

9 Sobre o Fórum de Licenciaturas da UEFS, cf. ARAÚJO, MUSSI & OLIVEIRA, 2019.

Uma tarefa árdua, mas que promoveu ricos processos de aprendizagens, trocas de saberes e socialização de práticas. Houve a necessidade de inteirar-se da legislação, ainda que existisse certa desconfiança de que a Resolução CNE n. 2/2015 (BRASIL, 2015), conseguisse resistir diante do contexto político daquele momento (e que hoje, 2021, ainda perdura):

> Nesse sentido, tornou-se condição necessária ao processo de reforma curricular para atendimento da DCN 02/2015 se debruçar sobre os Projetos Pedagógicos dos Cursos de Licenciatura da UEFS, as diretrizes específicas de cada um, além de suas resoluções institucionais. E ainda considerar no contexto das Reformulações Curriculares dos cursos de Licenciatura, a LDB 9394/96, as diretrizes curriculares específicas de cada área, os planos decenais de educação: Plano Nacional de Educação (2014-2024), Plano Estadual de Educação da Bahia (2016-2026) e Planos Municipais de Educação; a Base Nacional Curricular Comum (BNCC) de 2017, a reforma do Ensino Médio, legislações do Conselho Estadual de Educação do Estado da Bahia (CEE/BA) resoluções e outros documentos institucionais como o Plano de Desenvolvimento Institucional (PDI) e o Projeto Pedagógico Institucional (PPI) da UEFS (ARAÚJO, MUSSI & OLIVEIRA, 2019, p. 356).

Por meio do Fórum de Licenciaturas, várias ações foram realizadas, inclusive palestras e reuniões ampliadas com o Prof. Dr. Luiz Fernandes Dourado da Universidade Federal de Goiás (UFG), do Prof. Dr. Romilson Martins Siqueira da Pontífica Universidade Católica de Goiás (PUC) e da Profa. Dra. Patrícia Cristina Albieri de Almeida da Fundação Carlos Chagas (FCC). É importante destacar tais apoios, pois ilustra um processo para além dos muros da universidade. Nesse sentido, também foi fundamental a participação de representantes institucionais em audiência pública com o Conselho Estadual de Educação (CEE/BA) e Fórum Estadual de Apoio à Formação Docente do Estado da Bahia (Forprofe/BA), assim como no Fórum Estadual de Educação da Bahia (FEE/BA) e no Fórum de Pró-reitores de Graduação, o Forgrad Nordeste. Ter ampliado o debate fortaleceu as bases institucionais, especialmente diante do momento político que, em 2017, prorrogava recorrentemente a implantação da Resolução CNE n. 2/2015, gerando instabilidade e insegurança na sua efetivação.

Convém resgatar a concepção de educação universitária, definida no Plano de Desenvolvimento Institucional (PDI) como "prática social e política, realizada no âmbito das relações sócio-histórico-culturais, com objetivo de promover a formação humana plena e holística" (UEFS, 2013, p. 35; 2019, p. 76), um processo que implica a busca de construção científica e de crítica ao conhecimento produzido, valorizando a dimensão humana e ética na formação de seus profissionais, imprescindíveis para o exercício pleno de sua cidadania e construção de uma sociedade mais igualitária, justa e democrática (UEFS, 2013; UEFS, 2019). Desse princípio decorre a necessária defesa da educação como bem público, de qualidade e de acesso a todos e todas indistintamente, honrando o compromisso com o respeito à diversidade, a defesa de acesso e permanência estudantil e o cuidado com as relações interpessoais. Dias Sobrinho (2010) corrobora para esse entendimento ao destacar que a educação é tanto mais pública, imprescindível e insubstituível, quanto mais atue a serviço do bem comum e do desenvolvimento da ciência, tecnologia, cultura, cidadania e economia que têm interesse social e se integram ao desenvolvimento sustentável da nação.

Isso significa que qualquer (re) organização curricular nos cursos de licenciatura deve "pautar a formação como um ato político que implique qualificação e empoderamento das ações dos professores no seu cotidiano de trabalho (MACEDO, 2014, p. 112), o que exige considerar a formação e o trabalho docente em toda a sua complexidade, como bem expressam Gabriel e Leher (2019, p. 233):

> Somente concebendo o trabalho docente como um labor inventivo, referenciado na ciência e nos saberes advindos da experiência, embebido das práticas sociais em uma sociedade marcadamente desigual, a universidade e as escolas públicas poderão ampliar o protagonismo de sua comunidade, famílias, bairros, em prol do comum que recusa a mercantilização que destrói o que tem de ser comum a todas e todos.

Dos avanços incorporados pelas referidas Diretrizes (BRASIL, 2015) a proposta institucional da UEFS (2018) destaca, para a (re)organização dos projetos pedagógicos e respectivos currículos de formação, que, para além da composição dos saberes científicos, culturais, ético-políticos necessários ao professor, deve apresentar o compromisso com a educação emancipadora. Um compromisso que será fortalecido a partir da garantia de uma sólida formação profissional e interdisciplinar, da gestão democrática, da sistemática interação da universidade com as escolas de Educação Básica, na perspectiva de que "professor em formação é um professor em atuação em múltiplos *espaços-tempos* culturais e contextos educacionais" (MACEDO, 2014, p. 113, grifos do autor).

Assim, é importante que o projeto de formação se efetive em consonância com a base comum nacional e, ao mesmo tempo, garanta espaços e tempos curriculares de natureza diversa, de modo a "recuperar, nas reformulações curriculares, a importância do espaço para análise da educação enquanto disciplina, seus campos de estudo, métodos de estudo e status epistemológico" (ANFOPE, 2001, p. 4), tendo em vista o respeito às múltiplas identidades socioculturais dos estudantes, seus diferentes percursos de aprendizagens e a autonomia aos modos de organização do trabalho pedagógico.

Na proposta institucional (UEFS, 2018), há a descrição de como os cursos podem pensar e definir a (re)organização curricular, considerando os princípios então defendidos e sintetizados neste artigo e as determinações legais estabelecidas pela Resolução CNE n. 2/2015 (BRASIL, 2015). Esta resolução define a carga horária mínima dos cursos de licenciatura em 3.200 horas, e destas, 1/5 da carga horária deve ser dedicada às dimensões pedagógicas (640 horas para cursos com carga horária mínima de 3.200 horas), excetuando-se as cargas horárias dedicadas ao estágio e à prática como componente curricular. Assim, embora o projeto institucional (UEFS, 2018) defina a composição da carga horária dedicada às dimensões pedagógicas, o mais importante, de fato, se constitui no que se pretende com a composição curricular. E o que se pretende não é uma política de padronização das múltiplas experiências formativas, mas sim o esforço na definição de princípios assumidos coletivamente que contribuam para a valorização da integração no contexto formativo, das licenciaturas no seio da cultura universitária e da escola como espaço de formação imprescindível a esse processo.

Veiga (1988) chama a atenção para a necessidade de as instituições de ensino buscarem caminhos para novas formas de organização curricular em que valorizem a integração, a interdisciplinaridade, uma vez que o currículo não pode ser separado do contexto social, visto que ele é historicamente situado e culturalmente determinado:

> Em geral, nossas instituições têm sido orientadas para a organização hierárquica e fragmentada do conhecimento escolar. Com base em Bernstein (1989), chamo a atenção para o fato de que a escola deve buscar novas formas de organização curricular, em que o conhecimento escolar (conteúdo) estabeleça uma relação aberta e interrelacione-se em torno de uma ideia integradora. A esse tipo de organização curricular, o autor denomina de currículo integração. O currículo integração, portanto, visa reduzir o isolamento entre as diferentes disciplinas curriculares, procurando agrupá-las num todo mais amplo (VEIGA, 1998, p. 32).

A compreensão expressa por Veiga (1988) se fez presente nos diálogos estabelecidos para a produção da proposta institucional da UEFS (2018), especialmente quando trata da articulação entre graduação e pós-graduação e entre pesquisa e extensão como princípio pedagógico essencial ao exercício e aprimoramento do profissional do magistério e da prática educativa. Dentre as ações adotadas buscando garantir novos arranjos curriculares e novos espaços formativos, estabelecemos a necessidade de destinar 10% da carga horária total de cada curso para a curricularização da extensão, um debate já aprofundado e consolidado na instituição através da Pró-reitoria de Extensão, a serem evidenciadas nos arranjos curriculares através de componentes curriculares específicos.

A proposta institucional (UEFS, 2018) aponta que, preferencialmente, as atividades extensionistas deverão ser desenvolvidas por meio de programas e projetos interdisciplinares devidamente cadastrados na Pró-reitoria de Extensão, que promovam a integração entre diferentes áreas do conhecimento e propiciem ao estudante uma formação integral. Outra possibilidade é a realização de atividades extensionistas como parte da carga horária de componentes curriculares diversos, especialmente da área de Práticas de Ensino, desde que garantam *intervenções que envolvam diretamente as comunidades externas à universidade,* com prioridade para áreas de grande pertinência social, e que estejam vinculadas à formação do estudante. Busca-se com essa medida institucionalizar, na formação de professores, a interação dialógica com a sociedade e o protagonismo do futuro professor no seu processo formativo, por meio de trocas e construção de conhecimento e práticas educacionais democráticas e emancipatórias que respeitem a diversidade social e cultural.

Considerando "a realidade concreta dos sujeitos que dão vida ao currículo e às instituições de Educação Básica" (BRASIL, 2015, p. 2), a proposta institucional da UEFS assumiu o desafio de afirmar a importância da centralidade das instituições educacionais no processo de aprendizagem profissional da docência. A escola, nas diferentes etapas (Educação Infantil, Ensino Fundamental e Ensino Médio) e modalidades da Educação Básica, tem papel crucial no processo formativo, sendo capaz de promover a articulação entre as múltiplas experiências formativas da UEFS, assegurando a "unidade teoria-prática atravessando todo o curso e não apenas as práticas de ensino e os estágios supervisionados, de modo a garantir o trabalho como princípio educativo na formação profissional" (UEFS, 2018, p. 15). Isso não significa o desprezo por outros campos de prática profissional, mas a compreensão de que é a Educação Básica o núcleo central do seu campo de atuação profissional:

> Embora a formação em nível superior permita ao licenciando oportunidades variadas de se inserir no mundo do trabalho, a escola é o principal local de exercício da profissão para os egressos de cursos de formação de professores. Dessa forma, pensar a formação do professor requer pensar a escola e colocá-la como centralidade dessa formação (UEFS, 2018, p. 16).

Compreender o papel da escola e da Educação Básica como potencial produtora de política de currículo (MACEDO, 2014) e de formação de professores foi um processo de amadurecimento ao longo de mais de dois anos de encontros e debates. Um processo importante, dotado de expectativas, medos e dúvidas que, ao serem socializadas, foram ganhando um contorno coletivo.

Colocar a escola no centro da proposta formativa revela o desejo de buscar caminhos para ultrapassar a fragmentação curricular dos cursos de licenciatura, então existente dentro da UEFS e, ao mesmo tempo, aproximar e articular a universidade às diferentes realidades educacionais. Nessa perspectiva, a formação de professores coparticipa intimamente com a valorização da profissão docente e dos processos de formação e de melhoria das escolas. E isso deve ocorrer desde a participação da universidade nos vários processos de planejamento escolar, até na formação continuada dos profissionais da educação. Além disso, deve-se considerar e entender o papel de parceria dos professores da Educação Básica nos processos formativos dos futuros professores e valorizar a categoria, inclusive com a participação em grupos de pesquisa e pós-graduação na UEFS.

Portanto, considerar a escola na centralidade da formação de professores, núcleo central da proposta institucional, requer aproximar e articular a universidade e as escolas, permitindo que os estudantes das licenciaturas tenham uma relação com a profissão desde o início do curso, em coparticipação entre docentes universitários e Educação Básica, e trazer os profissionais da educação, especialmente os docentes da Educação Básica, para a vida universitária, na pesquisa, na extensão e na pós-graduação. Fazer-se presente e se abrir à presença: este é o espírito que contagia a cada dia a nossa instituição.

Considerações finais: Desafios que permanecem

> *Penso que o maior perigo para a Pedagogia de hoje está na arrogância dos que sabem, na soberba dos proprietários de certezas, na boa consciência dos moralistas de toda espécie, na tranquilidade dos que já sabem o que dizer aí ou o que se deve fazer e na segurança dos especialistas em respostas e soluções. Penso, também, que agora o urgente é recolocar as perguntas, reencontrar as dúvidas e mobilizar as inquietudes (LARROSA, 2004, p. 8).*

Após a elaboração e aprovação do projeto institucional de formação de professores da Universidade Estadual de Feira de Santana, os cursos de licenciatura apresentaram os "novos" projetos pedagógicos, e, até o momento, somente um curso de licenciatura ainda não conseguiu apresentar sua reformulação, por questões inerentes ao próprio curso, mas que deve finalizar em breve. São projetos que reafirmam a autonomia universitária à luz dos princípios da base comum nacional construída e defendida historicamente pelos educadores e materializada na Resolução CNE/CP n. 2/2015. Estão carregados de expectativas não somente curriculares, mas da nova política institucional para a valorização da formação de professores gestada na UEFS. E o processo não acabou com a aprovação dos projetos pedagógicos, pois novos desafios aparecem com a sua implantação. Como bem coloca Larossa (2004, p. 8), "penso, também, que agora o urgente é recolocar as perguntas, reencontrar as dúvidas e mobilizar as inquietudes".

Cabe ao Fórum de Licenciaturas da UEFS manter o diálogo, o acompanhamento e constante avaliação do processo, estabelecer estratégias para a curricularização da extensão nos cursos de licenciatura, assim como ampliar a ligação (de ligação mesmo, junto, bem próximo) da universidade com a Educação Básica.

Caminhar até esse momento de aprovação e implantação foi um exercício democrático de luta e resistência da universidade pública como local de se pensar e de se fazer acontecer a formação de professores. Como se pode observar ao longo deste texto, foi um processo que exigiu muita disposição e compromisso com o coletivo. Em um contexto institucional onde se valoriza o diálogo e o trabalho em equipe, se estabelece, no seio da própria cultura universitária, um movimento carregado de contradições, debates, posicionamentos e disputas diversas, na medida em que mobiliza o que se entende por campos de "disputa" curriculares. No caso da UEFS, optamos por valorizar espaços colaborativos para favorecer dinâmicas de cooperação e colaboração, num esforço de socialização sobre a profissão e de escuta sobre as necessidades formativas, concepções e práticas. Definimos a necessidade de buscar caminhos para garantir a promoção de uma formação entrelaçada, evitando assim a estratificação curricular. Uma formação entrelaçada que favoreça a compreensão de que teoria e prática são processos formativos integrados, na perspectiva entre prática-teoria-prática. Portanto, uma formação entrelaçada que considera o caráter multidimensional do processo ensino-aprendizagem diante da articulação entre as dimensões política, ética, humana, estética, técnica e cultural.

Defendemos, ao longo do texto e com o apoio do projeto institucional da UEFS (2018), a necessidade de promover uma arquitetura de formação que valorize o currículo integrado e flexível. Ou seja, os projetos pedagógicos de cursos de licenciatura deverão apresentar um esforço institucional para a composição integrada das "disciplinas/áreas do conhecimento". Um esforço que possibilite a experiência individualizada na composição curricular, valorizando a autonomia e a autorregulação da aprendizagem, ao mesmo tempo que garanta a composição coletiva da concepção de formação docente, processo de ensino e de aprendizagem, currículo, produção de conhecimento e avaliação.

Também há destaque para a necessidade de valorizar e definir estratégias sobre o que é próprio do fazer docente, os saberes múltiplos e diversos, e a base comum de conhecimentos necessária a todo licenciando. Nesse contexto, demos destaque à relação próxima da universidade com a Educação Básica, de modo a possibilitar uma formação onde a Educação Básica tenha relevo.

Isto posto, não podemos deixar de fazer referência ao atual momento ao qual vivemos. O momento histórico estabelecido pela pandemia causada pelo vírus SARS-CoV-2 – o novo coronavírus, e pela doença por ele provocada, a, Covid-19 – e a necessidade de distanciamento social – com vistas a evitar aglomeração de pessoas – alteraram as relações humanas e levaram à imediata suspensão das atividades em instituições educacionais. Com isso, as atividades presenciais foram suspensas em março de 2020 e a universidade deu continuidade às atividades acadêmicas, com atividades remotas, on--line, e assim permanece no ano de 2021. Esse contexto dificulta um acompanhamento mais cuidadoso da implantação dos novos projetos pedagógicos e prejudica a oferta de programas e projetos de extensão. Serão dois anos nos quais não teremos dados qualitativos mais expressivos para considerar, mas, por se tratar de uma situação que envolve medidas de emergência para saúde pública, nos cabe respeitar e buscar outras formas para dar continuidade, mesmo que de modo parcial, à adoção dos princípios que estão presentes na proposta institucional.

Assim, ver a implantação dos novos projetos acontecendo, mesmo diante de um contexto desfavorável ao qual estamos vivendo, soa como um ato de resistência aos retrocessos que se apresentam nas políticas educacionais, no desgoverno do nosso Brasil. É forte demais, e precisamos resistir. Precisamos defender a democracia, a educação, a cultura, a liberdade de expressão, a autonomia universitária, e mais especificamente, precisamos defender a formação de professores em espaços universitários e a valorização dos profissionais da educação como política relevante, necessária e prioritária na defesa da qualidade de ensino a todos indistintamente. Acreditamos estar no caminho certo. E como bem coloca nosso mestre Paulo Freire (1992, p. 14), "não sou esperançoso por pura teimosia, mas por imperativo existencial e histórico". Esperançar.

Referências

ANFOPE. *Política de formação e valorização dos profissionais da educação*: Resistências propositivas à BNC da formação inicial e continuada. Documento Final do XX Encontro Nacional da Anfope. 2021 [disponível em http://www.anfope.org.br/wp-content/uploads/2021/04/20%E2%81%

B0-ENANFOPE-%E2%80%93-Documento-Final-2021.pdf. Acesso em 25 jan. 2022].

_____. *Documento para subsidiar discussão na audiência pública regional*. Recife: Associação Nacional pela Formação dos profissionais da educação (Anfope), 21 mar. 2001 [disponível em http://portal.mec.gov.br/cne/arquivos/pdf/Recife.pdf. Acesso em 7 dez. 2015].

ARAÚJO, M.L.H.S.; MUSSI, A.A. & OLIVEIRA, J.D.B. "Política de formação inicial de professores: A trajetória da implantação da CNE/CP n. 2/2015 na UEFS". In: DOURADO, L.F. & TUTTMAN, M.T. *Dossiê Formação do Magistério da Educação Básica nas universidades brasileiras – Institucionalização e materialização da Resolução n. 2/2015. Formação em Movimento*. v. 1, n. 2, jul./dez.-2019, p. 352-376 [disponível em http://costalima.ufrrj.br/index.php/FORMOV/article/view/526/825. Acesso em 20 dez. 2020].

BAZZO, V. & SCHEIBE, L. "De volta para o futuro... retrocessos na atual política de formação docente". *Revista Retratos da Escola*, v. 13, n. 27, set./dez.-2019, p. 669-684. Brasília [disponível em http://retratosdaescola.emnuvens.com.br/rde. Acesso em 9 mar. 2020].

BRASIL. MEC. CNE. Conselho Pleno. *Resolução CNE/CES n. 2, de 20 de dezembro de 2019*. Define as Diretrizes Curriculares Nacionais para a Formação Inicial de Professores para a Educação Básica e institui a Base Nacional Comum para a Formação Inicial de Professores da Educação Básica (BNC–Formação). Brasília: Diário Oficial da União, 20 fev. 2019 [disponível em http://portal.mec.gov.br/docman/dezembro-2019-pdf/135951-rcp002-19/file. Acesso em 6 jan. 2020].

_____. *Resolução CNE/CP n. 2, de 1º de julho de 2015*. Define as Diretrizes Curriculares Nacionais para a formação inicial em nível superior (cursos de licenciatura, cursos de formação pedagógica para graduados e cursos de segunda licenciatura) e para a formação continuada. Brasília: Diário Oficial da União, 2 jul. 2015. Seção 1, p. 8-12 [disponível em http://portal.mec.gov.br/docman/agosto-2017-pdf/70431-res-cne-cp-002-03072015-pdf/file. Acesso em 3 jul. 2015].

DOURADO, L.F. "Diretrizes curriculares nacionais para a formação inicial e continuada dos profissionais do magistério da Educação Básica: Concepções e desafios". *Educação & Sociedade*, v. 36, n. 131, abr./jun.-2015, p. 299-324. Campinas.

DOURADO, L.F. & TUTTMAN, M.T. In: DOURADO, L.F. & TUTTMAN, M.T. (orgs.). *Dossiê temático* – Formação do Magistério da Educação Básica nas universidades brasileiras: Institucionalização e materialização da Resolução CNE/CP n. 2/2015. *Formação em Movimento*. Revista da Anfope, v. 1, n. 2, 2019, p. 197-217 [disponível em http://costalima.ufrrj.br/index.php/ FORMOV/issue/view/117. Acesso em 6 jan. 2020].

EVANGELISTA, O.; FIERA, L. & TITTON, M. "Diretrizes para formação docente é aprovada na calada do dia". Mais mercado. *Universidade à Esquerda*, 14 nov. 2019 [disponível em http://universidadeaesquerda.com.br/debate-diretrizes-para-formacao-docente-e-aprovada-na-calada-do-dia-mais-mercado/. Acesso em 15 nov. 2019].

FREIRE, P. *Pedagogia da esperança* – Um reencontro com a *Pedagogia do oprimido*. Rio de Janeiro: Paz e Terra, 1992.

GABRIEL, C.T. & LEHER, R. "Complexo de Formação de Professores da UFRJ: Desafios e apostas na construção de uma política institucional". In: DOURADO, L.F. & TUTTMAN, M.T. *Dossiê Formação do Magistério da Educação Básica nas universidades brasileiras*: Institucionalização e materialização da Resolução n. 2/2015. *Formação em Movimento*, v. 1, n. 2, jul./ dez.-2019, p. 218-236 [disponível em http://costalima.ufrrj.br/index.php/ FORMOV/article/view/520/819. Acesso em 6 jan. 2020].

GONCALVES, S.R.; MOTA, M.R.A. & ANADON, S.B. "A Resolução CNE/ CP n. 2/2019 e os retrocessos na Formação de Professores". In: ABDALLA, M.F.B. & DINIZ-PEREIRA, J.E. *Dossiê*: Pesquisas sobre formação de professores – Diferentes olhares, múltiplas perspectivas. *Formação em Movimento*, v. 2, i. 2, n. 4, jul./dez.-2020, p. 360-379 [disponível em http:// costalima.ufrrj.br/index.php/FORMOV/issue/view/115. Acesso em 6 jan. 2021].

MACEDO, R.S. "Currículo, formação e trabalho docente: Uma pesquisa--formação colaborativa realizada com professores do Sinpro/BA. *Revista Teias*, v. 15, n. 39 (Currículo, políticas e trabalho docente), 2004, p. 106-116 [disponível em https://formacce.ufba.br/sites/formacce.ufba.br/files/ roberto_macedo_-.pdf Acesso em 25 jan. 2022].

NÓVOA, A.S. *Um novo modelo institucional para a formação de professores.* Complexo de Formação de Professores. Rio de Janeiro: UFRJ, 2017 [disponível em http://www.professoresdematematica.com.br/wa_files/complexo%20 de%20formacao%20professores_novoa_171005.pdf. Acesso em 6 jan. 2021].

_____. "Firmar a posição como professor, afirmar a profissão docente". *Cadernos de Pesquisa,* v. 47, n. 166, out./dez.-2017b, p. 1.106-1.133. São Paulo [disponível em https://www.scielo.br/pdf/cp/v47n166/1980-5314-cp-47-166-1106.pdf. Acesso em 6 jan. 2021].

UNIVERSIDADE ESTADUAL DE FEIRA DE SANTANA. *PDI – Plano de Desenvolvimento Institucional da Universidade Estadual de Feira de Santana,* 2017-2021. Feira de Santana: UEFS, 2019.

_____. Departamento de Educação. *Proposições para uma política de implantação das Diretrizes Curriculares Nacionais para a Formação Inicial de Professores em nível superior na UEFS.* Feira de Santana: UEFS, 2018 (Documento Interno).

_____. *PDI: Plano de Desenvolvimento Institucional da Universidade Estadual de Feira de Santana,* 2011-2016. Feira de Santana: UEFS, 2013.

UNIVERSIDADE FEDERAL DE UBERLÂNDIA. *Carta da Primavera*: Posição do Fórum de Licenciaturas da Universidade Federal de Uberlândia sobre a Resolução CNE/CP n. 2/2019. Uberlândia: UFU, 29 set. 2020 [disponível em http://www.prograd.ufu.br/acontece/2020/10/posicao-sobre-resolucao-cnecp-n022019].

VEIGA, I.P.A. "Projeto político-pedagógico da escola: Uma construção coletiva". In: VEIGA, I.P.A. (org.). *Projeto político-pedagógico da escola –* Uma construção possível. Campinas: Papirus, 1998, p. 11-35.

8
E agora? Pós-BNCC

Qual(is) currículo(s) diverso(s) para formar professores no Brasil?

José Damião Trindade Rocha

Introduzindo os embates

A "base" dos "currículos" da Educação Básica (conhecimentos, saberes e valores produzidos culturalmente) deve assegurar à "escola" o espaço em que se ressignifica e se recria a cultura, as identidades e diferenças, onde se pratica o respeito ao bem comum e à ordem democrática e, professores(as) se formem com qualidade social referenciada, nos 7.245 cursos de licenciatura, destes 52% da rede pública, o que totaliza 3.765 cursos, conforme o Censo da Educação Superior de 2017.

Ao tratar de "currículos diversos", estou me referindo àqueles "currículos específicos" de etapas e modalidades da Educação Básica e os da Educação Superior (dos cursos de bacharelado e licenciaturas). São "currículos específicos" porque cada um possui *diretriz curricular* e um conjunto de pareceres, resoluções que os regulamentam e estão sob constante avaliação do Inep, do MEC ou da Capes, seja por meio do Sistema Provinha Brasil, do Índice de Desenvolvimento da Educação Básica (Ideb), do Sistema de Avaliação da Educação Básica (Saeb), seja pelo Exame Nacional do Ensino Médio (Enem), pelo Exame Nacional de Desempenho dos Estudantes (Enade), do Sistema Nacional de Pós-Graduação (SNPG), ou ainda pelos testes de grande escala, a exemplo do Programa Internacional de Avaliação de Estudantes (Pisa), mas que requerem serem elaborados/planejados/gestados como *continuum* e integrados, visto que somente articulados darão sentido à Educação Básica.

No que se refere à Educação Básica, sobre a qual trataremos neste texto, temos os "currículos diversos" das etapas: "currículo da Educação Infantil"; "currículo do Ensino Fundamental (AIEF e AFEF)"; "currículo do Ensino Médio". Além, destes, os "currículos diversos" das modalidades: "currículo da educação especial"; "currículo da escola do campo"; "currículo da educação das relações étnico-raciais e para o ensino de história e cultura afro-brasileira e africana"; "currículo da educação de jovens e adultos"; "currículo para as pessoas em situação de privação de liberdade nos estabelecimentos penais"; "currículo das crianças, adolescentes e jovens em situação de itinerância"; "currículo da educação escolar indígena"; "currículo da educação em direitos humanos"; "currículo da educação ambiental"; "currículo da educação quilombola"; "currículo da educação profissional e tecnológica", definidas na Resolução n. 4, de 13 de julho de 2010, das Diretrizes Curriculares Nacionais Gerais para a Educação Básica (DCNG/EB).

Nos anos de 1970-1980, nas décadas de 1990 e de 2000, tivemos imbróglios (estado de grande confusão; situação difícil; mal-entendidos) da/na formação de professores(as) no Brasil, inclusive com a criação de um curso de formação de professores, por decreto, como foi o Curso Normal Superior (CNS), mesmo com o curso de Pedagogia em funcionamento desde 1939, e ter passado por várias reformulações para atender a formação de professores(as) licenciados(as).

Em 2000, permaneceu a disputa de no mínimo dois projetos formativos (ROCHA, 2002) entre o governo federal e as associações/entidades/faculdades/centros de educação, com nova ofensiva legalista governamental que se impôs na formação pela/com a Base Nacional Comum Curricular (BNCC) de 2017.

Essa situação tem nos levado ao debate nestas últimas três décadas sobre a *concepção de formação de professores* da Educação Básica, sobre sua "base" com centralidade na "docência" ou, como legisla o governo, nas "competências".

O texto é um estudo teórico, uma pesquisa documental de análise de conteúdo, a partir da discussão "currículo e formação", resultante das pesquisas que vimos desenvolvendo no PPGE/UFT no último quadriênio no Grupo de Estudos e Pesquisas de Currículos Educacionais das/para/com Minorias Sociais Nortistas Amazônicas (Gepce/Minorias), na perspectiva dos Estudos Culturais. "Os Estudos Culturais acreditam, pois, que a prática importa, que se espera que seu próprio trabalho intelectual possa fazer uma diferença" (NELSON, TREICHLER & GROSSBERG, 1998, p. 17).

Tratarmos de "currículo e formação" antes-pós BNCC nestes tempos é refletir em meio *à* conjuntura sociopolítica e educacional dos "currículos diversos" da Educação Básica e seus impactos na "formação de professores", que têm sido tensionada, indagada e atacada, numa trajetória legislativa de omissões, retiradas e supressões de temas, conteúdos, concepções e questões sociais importantes para/na formação de professores como intelectuais transformadores da escola, da universidade, da teoria pedagógica para o educar como prática de/da liberdade.

(Re)batendo a formação de professores

A luta das educadoras/educadores a partir do final dos anos de 1970 e início da década de 1980, após a chamada "redemocratização" do Brasil, no quadro do movimento mais geral da democratização da sociedade, "trouxe contribuições importantes para a educação e para a forma de olhar a escola e o trabalho pedagógico" (FREITAS, 2002). O movimento docente colocou "em evidência as relações de determinação existentes entre educação e sociedade e a estreita vinculação entre a forma de organização da sociedade, os objetivos da educação e a forma como a escola se organiza" (FREITAS, 2002).

Os anos de 1990 impactaram a formação de professores pela disputa de "dois projetos de formação" (ROCHA, 2002): um representativo das associações/entidades/faculdades/centros de educação e o outro do governo federal de plantão.

No início dos anos 2000, precisamente em 8 de maio de 2001, foi aprovado o Parecer CNE/CP n. 9/2001, que trata das *Diretrizes Curriculares Nacionais para a Formação de Professores da Educação Básica, em nível superior, curso de licenciatura, de graduação plena*. Este parecer trouxe a crítica, da qual discordamos, ao preparo inadequado dos professores, ao afirmar que esta se manteve predominantemente no *formato tradicional* e não contemplava muitas das características consideradas na *atualidade* como constitutivas da atividade docente, quais sejam:

> Orientar e mediar o ensino para a aprendizagem dos alunos; comprometer-se com o sucesso da aprendizagem dos alunos; assumir e saber lidar com a diversidade existente entre os alunos; incentivar atividades de enriquecimento cultural; desenvolver práticas investigativas; elaborar e executar projetos para desenvolver conteúdos curriculares; utilizar novas metodologias, estratégias e materiais de apoio; desenvolver hábitos de colaboração e trabalho em equipe (BRASIL, 2001).

Interessante retomarmos o Parecer n. 9/2001 que se concentra na *aprendizagem* e não no *processo de formação*. Ele trouxe como questões a serem enfrentadas, conforme o legislador, na formação de professores, dentre outros aspectos: a "concepção restrita de prática", criticando a forma segmentada de prática em dois polos isolados entre si: um caracteriza o *trabalho em sala de aula* e, o outro, caracteriza as *atividades de estágio*, afirmando que o primeiro polo supervaloriza os *conhecimentos teóricos* desprezando as *práticas*, e o segundo polo supervaloriza o *fazer pedagógico* desprezando a *dimensão teórica* (destaque meu). Portanto, a questão a ser superada é a de que o *estágio* não é o espaço simplesmente reservado à *prática* enquanto que na sala de aula aconteceria a *teoria*. Logo, "*conhecimento pedagógico*" (grifo meu) refere-se ao conhecimento de diferentes concepções sobre temas próprios da docência, ou seja, currículo, elaboração de currículo, transposição didática, planejamento de ensino, gestão de sala de aula, desenvolvimento e avaliação das situações didáticas, avaliação das didáticas, avaliação das aprendizagens dos alunos.

Em 2002, é aprovada a Resolução CNE/CP n. 1, de 18 de fevereiro de 2002, que instituiu as *Diretrizes Curriculares Nacionais para a Formação de Professores da Educação Básica, em nível superior, curso de licenciatura, de graduação plena*. A proposta dessa diretriz passou por basicamente três versões decorrente das atualizações.

A *primeira versão* data de maio de 2000. O documento manteve a estrutura de uma proposta, contendo introdução e seis partes: 1) a reforma da Educação Básica; 2) suporte legal para a formação de professores; 3) questões a serem enfrentadas na formação inicial; 4) princípios orientadores para uma reforma da formação de professores; 5) diretrizes para a formação inicial de professores; 6) diretrizes para a organização da matriz curricular.

A *segunda versão*, de fevereiro de 2001, atualizada em 5 de março de 2001, manteve praticamente os mesmos itens da versão anterior, apresentando como novidade a questão da demanda da reforma da Educação Básica para a formação de professores, além da mudança no item sobre diretrizes para a formação de professores, não estabelecendo eixos articuladores, mas diretrizes para a formação, inclusive com quadros especificando os percentuais de organização curricular com base na opção de formação e em campos específicos de atuação. E a última versão, de 20 de abril de 2001, incorporou os itens presentes nas versões anteriores.

Ainda no início dos anos 2000 aconteceu outra reviravolta na formação de professores(as) no Brasil. Em 1º de julho de 2015, é aprovada a Resolução n. 2, que definiu as *Diretrizes Curriculares Nacionais para a formação inicial em nível superior (cursos de licenciatura, cursos de formação pedagógica para graduados e cursos de segunda licenciatura) e para a formação continuada.*

Essa resolução que fixou as diretrizes curriculares nacionais para a "formação inicial" e para a "formação continuada", ao nosso ver, definiu a "docência" de forma ampliada:

> A docência como ação educativa e como processo pedagógico intencional e metódico, envolvendo conhecimentos específicos, interdisciplinares e pedagógicos, conceitos, princípios e objetivos da formação que se desenvolvem entre conhecimentos científicos e culturais, nos valores éticos, políticos e estéticos inerentes ao ensinar e aprender, na socialização e construção de conhecimentos, no diálogo constante entre diferentes visões de mundo (BRASIL, 2001).

Nessa diretriz se considera a consolidação das normas nacionais, ao assegurar que

> [...] a consolidação das normas nacionais para a formação de profissionais do magistério para a Educação Básica é indispensável para o projeto nacional da educação brasileira, em seus níveis e suas modalidades da educação, tendo em vista a abrangência e a complexidade da educação de modo geral e, em

especial, a educação escolar inscrita na sociedade (BRASIL, 2001).

Em 2017 é aprovada a Resolução CNE/CP n. 2, de 22 de dezembro de 2017, que instituiu e orientou a implantação da Base Nacional Comum Curricular (BNCC), a ser "respeitada obrigatoriamente" ao longo das *etapas* e respectivas *modalidades* no âmbito da Educação Básica.

Em 20 de dezembro de 2019, é aprovada a Resolução CNE/CP n. 2, que define as Diretrizes Curriculares Nacionais para a Formação Inicial de Professores para a Educação Básica e institui a Base Nacional Comum para a Formação Inicial de Professores da Educação Básica (BNC–Formação).

E quando observamos o marco legal da educação brasileira, vemos que desde a Constituição Federal de 1988, passando pela LDB de 1996, a formação de professores(as) esteve em processo de "constante regulamentação", e na realidade não implementou uma "política de Estado para a formação de professores", mas se limitou em ações e programas educacionais governamentais, conforme a ótica do governo de plantão.

Observemos a sequência de aprovações da legislação educacional, no quadro a seguir, no que se refere à formação de professores e ao processo de aligeiramento com que se aprovou no âmbito do CNE/MEC decretos, pareceres, resoluções.

Quadro – Marco legal da Formação de Professores no Brasil	
1988	Constituição da República Federativa do Brasil, art. 205.
1996	Lei de Diretrizes e Bases da Educação Brasileira – LDB n. 9.3940/96.
1999	Decreto n. 3.276, dispõe sobre a formação em nível superior de professores para atuar na Educação Básica, e dá outras providências.
2001	Plano Nacional de Educação (Lei n. 10.172/2001), especialmente em seu item IV, Magistério na Educação Básica, que define as diretrizes, os objetivos e metas, relativas à formação profissional inicial para docentes da Educação Básica.

2001	Parecer CNE/CP n. 9/2001. Institui Diretrizes Curriculares Nacionais para a Formação de Professores da Educação Básica, em nível superior, curso de licenciatura, de graduação plena.
2001	Parecer CNE/CP n. 27/2001. Dá nova redação ao item 3.6, alínea "c", do Parecer CNE/CP n. 9/2001, que dispõe sobre as Diretrizes Curriculares Nacionais para a Formação de Professores da Educação Básica, em nível superior, curso de licenciatura, de graduação plena.
2001	Parecer CNE/CP n. 28/2001. Dá nova redação ao Parecer CNE/CP n. 21/2001, estabelecendo a duração e a carga horária dos cursos de Formação de Professores da Educação Básica, em nível superior, curso de licenciatura, de graduação plena.
2002	Resolução CNE/CP n. 1/2002. Institui Diretrizes Curriculares Nacionais para a Formação de Professores da Educação Básica, em nível superior, curso de licenciatura, de graduação plena.
2002	Resolução CNE/CP n. 2/2002. Institui a duração e a carga horária dos cursos de licenciatura, de graduação plena, de formação de professores da Educação Básica, em nível superior.
2005	Parecer CNE/CP n. 5/2005. Diretrizes Curriculares Nacionais para o Curso de Pedagogia.
2006	Parecer CNE/CP n. 3/2006. Reexame do Parecer CNE/CP n. 5/2005, que trata das Diretrizes Curriculares Nacionais para o Curso de Pedagogia.
2006	Resolução CNE/CP n. 1/2006. Institui Diretrizes Curriculares Nacionais para o Curso de Graduação em Pedagogia, licenciatura.
2014	LEI n. 13.005/2014. Aprova o Plano Nacional de Educação (PNE) e dá outras providências.
2015	Resolução CNE/CP n. 2/2015. Define as Diretrizes Curriculares Nacionais para a formação inicial em nível superior (cursos de licenciatura, cursos de formação pedagógica para graduados e cursos de segunda licenciatura) e para a formação continuada.
2017	Resolução CNE/CP n. 1, de 9 de agosto de 2017. Altera o art. 22 da Resolução CNE/CP n. 2, de 1º de julho de 2015, que define as Diretrizes Curriculares Nacionais para a formação inicial em nível superior (cursos de licenciatura, cursos de formação pedagógica para graduados e cursos de segunda licenciatura) e para a formação continuada.
2017	Resolução CNE/CP n. 2, de 22 de dezembro de 2017. Institui e orienta a implantação da Base Nacional Comum Curricular, a ser respeitada obrigatoriamente ao longo das etapas e respectivas modalidades no âmbito da Educação Básica.

2019	Resolução CNE/CP n. 2, de 20 de dezembro de 2019. Define as Diretrizes Curriculares Nacionais para a Formação Inicial de Professores para a Educação Básica e institui a Base Nacional Comum para a Formação Inicial de Professores da Educação Básica (BNC–Formação).

Fonte: o autor

Se contarmos somente os anos 2000, observaremos que as datas de aprovação das resoluções são praticamente anuais, causando sobreposição, concomitância e instabilidade jurídica do *marco legal* da formação de professores no Brasil. Neste intervalo de mais ou menos três décadas, a formação de professores no Brasil foi objeto dessas definições sem consolidar nenhuma dessas propostas de formação. Obviamente que precisaremos analisar o contexto político-partidário dessas mudanças implementadas nesse tempo.

Vejamos: após a abertura política do Brasil de FC (Fernando Collor), de 1990 a 1992 a FHC (Fernando Henrique Cardoso) de 1995 a 2003, passando pelo governo de Itamar Franco de 1992 a 1995, o Brasil sofreu os acordos do chamado *Consenso de Washington*: programa de ajuste e estabilização com seus efeitos, a partir da década de 1980, com dez tipos de reformas (disciplina fiscal; redefinição das prioridades do gasto público; reforma tributária; liberalização do setor financeiro; manutenção de taxas de câmbio competitivas; liberalização comercial; atração das aplicações de capital estrangeiro; privatização de empresas estatais; desregulação da economia; proteção de direitos autorais) (GENTILI, 1998).

Uma pauta e agenda de mitigação na economia e na vida social acontece com o Governo Lula, do Partido dos Trabalhadores (PT), que desde sua criação em 10 de fevereiro de 1980 foi um acontecimento histórico para a esquerda em todo o mundo, como também histórica a eleição de Lula em 2002, uma bancada de 91 deputados federais e o início de uma "política de redução de danos".

A experiência do PT nos governos municipais e estaduais, nos parlamentos em todas as esferas de poder, bem como os programas de governo apresentados pelo Presidente Lula nas eleições de 1989, 1994, 1998, 2003 e 2006 e o programa de governo apresentado pela Presidenta Dilma em 2010, em diálogo com os movimentos sociais e vários setores da sociedade, conformaram as concepções e políticas do Modo Petista de Governar e de Atuação Parlamentar, e contribuíram com as definições do Programa Democrático e Popular formulado pelo Partido dos Trabalhadores para o país (FUNDAÇÃO PERSEU ABRAMO, *Cadernos de Formação do PT*, Apresentação, 2013).

Nesse contexto social e político, o Partido dos Trabalhadores (PT) tem sido uma frente de discussão do Brasil. Um partido que "nasceu dos movimentos sociais, alimentou e se alimentou da luta dos trabalhadores por liberdades democráticas e por justiça social no Brasil" (FUNDAÇÃO PERSEU ABRAMO, *Cadernos de Formação do PT*, 2013).

É no/pelo PT que programas sociais como "Fome Zero", "Bolsa Família", "Luz Para Todos", "Programa de Cisternas", "Prouni", "Mais Médicos", "Minha Casa, Minha Vida", "Pronatec", "PAC", entre tantos, passaram a transformar a vida de milhões de pessoas, além de descobrir o "Pré-sal" e tornar essa riqueza sustentável ao usar seus recursos como investimento em "saúde" e "educação".

Mesmo com algumas agendas de governo de coalizão, "a política educacional nos 13 anos do governo do PT garantiu *acesso, permanência* e *qualidade,* desde a creche até a pós-graduação". Pelo menos para a classe trabalhadora, "o ciclo de desenvolvimento que marcou esses anos foi interrompido com o golpe de 2016" (PT.org, 2019).

O golpe institucional, "ao inviabilizar o governo de Dilma Rousseff", levou a direita conservadora ao poder, e o início de um projeto de desmonte do Brasil com o governo de Michel Temer (de 12 de maio de 2018 a 1º de janeiro de 2019), com continuidade no governo de Jair Bolsonaro a partir de 2019, que já contabiliza retrocessos:

• A educação está sofrendo um verdadeiro desmonte no governo Bolsonaro. Os cortes drásticos de recursos federais, na ordem de R$ 5,8 bilhões, afetaram todos os níveis de ensino (incluindo o ensino básico, cujo discurso inicial do governo era de que não haveria cortes de verbas), as políticas sociais de acesso à educação, programas de alfabetização, os programas de fomento à pesquisa, e comprometeram a manutenção de prédios, laboratórios, bibliotecas etc. (há universidades, por exemplo, anunciando o encerramento do ano letivo, caso os cortes não sejam revertidos).

• Adoção de uma política ideológica, com censura e perseguição a professores, estudantes e funcionários das instituições de ensino.

• Redução da autonomia das universidades e institutos federais, com a nomeação de interventores e de reitores menos votados nas listas tríplices. Nos primeiros 9 meses de governo, Bolsonaro desprezou, nas eleições para reitorias, os candidatos mais votados, intervindo em, pelo menos, seis universidades.

• Interferência ideológica no Enem.

• Militarização das escolas. Em discurso, Bolsonaro defendeu impor o modelo de escolas cívico-militares no ensino básico brasileiro.

• Reajuste do piso salarial do Magistério menor do que o do salário-mínimo (PT/ENF, 2020).

Portanto, para entendermos em que momento houve avanços e quais os retrocessos na agenda da *formação de professores* e seu *marco legal*, é inevitável a análise da conjuntura socioeconômica e política. E aqui vale dizer que a crise econômica de 2014 no Brasil, os escândalos de corrupção, "intensificaram a eclosão de movimentos conservadores em oposição às políticas sociais da esquerda" (ROCHA, 2020, p. 179).

E para registrar esses períodos históricos da política partidária brasileira, é bom que se faça a memória dos números, pois Bolsonaro foi eleito, em 2018, com 57,8 milhões de votos. O segundo colocado foi o professor e ex-prefeito de São Paulo, Fernando Haddad, com 47 milhões de votos. O número de eleitores que compareceram às urnas foi de 115,9 milhões, num total de 147,3 milhões de eleitores.

Nesse sentido, o entendimento das políticas governamentais para a educação no Governo Bolsonaro passam pelo viés do que se pode chamar de *Democracia em vertigem*, numa referência à cineasta Petra Costa e seu importante documentário brasileiro de 2019, que retrata os bastidores do *impeachment* da presidenta Dilma Rousseff e o "julgamento midiático antecipado" do presidente antecessor, Luiz Inácio Lula da Silva.

A "base" da "competência" *versus* escola como instituição social

A *formação de professores* da Educação Básica nas licenciaturas, antes mesmo da aprovação das Diretrizes Curriculares Nacionais, foi objeto de vários estudos. No momento que iniciaram o processo de discussão destas diretrizes, o debate foi intensificado, na maioria das vezes de forma polêmica, com conclusões que refletiram avanços e retrocessos, configurado a partir de dois projetos antagônicos de formação de professores: *o projeto governamental, de Fernando Collor (FC) a Fernando Henrique Cardoso (FHC)*; e o *projeto da Anfope* (ROCHA, 2002), que se originou a partir da formação do Comitê Nacional Pró-formação do Educador pela Formação de Professores nos anos de 1980 e, posteriormente, da Comissão Nacional de Reformulação dos Cursos de Formação do Educador.

A Associação Nacional pela Formação dos Profissionais da Educação (Anfope) se dedicou a estudar, aprofundar, debater aspectos relativos à estrutura dos cursos de formação, bem como propor alternativas para a definição de uma política nacional de formação dos profissionais/trabalhadores da educação. Projeto este, de certa forma contemplado, nas diretrizes curriculares de 2015, e "desmontado" nas diretrizes curriculares de 2017, que nos impõem desafios:

> [...] o desafio maior da necessária compreensão analítica e interpretativa da BNCC pelos professores e pelos demais profissionais e estudantes da escola básica, para desvelar o currículo como campo de disputa e contradições em que as relações de poder e ideologias representam um projeto de educação a reboque de interesses políticos, mercadológicos e empresariais. Nesse cenário, compete à escola organizar-se coletivamente para construir a resistência consciente, ultrapassar os limites propostos pela política e reivindicar o seu espaço como protagonista das mudanças educacionais que devem partir sempre da escola, espaço privilegiado de formação político-pedagógica (VEIGA & SILVA, 2018, p. 64).

É fundante pensarmos a *escola* como *lócus* de resistência para que possamos analisar a BNCC em sua vertente doutrinária, tecnicista, fragmentária e forjarmos um outro projeto de *formação de professores* com "base" na "bocência". Pois o projeto representativo das associações/entidades/faculdades/centros de educação foi subsumido nas diretrizes de 2017. Nesse sentido, precisaremos desvelar o "currículo oculto" da BNCC.

Se quisermos resistir às políticas curriculares homogeneizadoras, centralizadoras e fragmentadoras e ao individualismo, é importante que, inicialmente, compreendamos o que está invisível ou oculto na BNCC e, se não o fizermos, as nossas possibilidades serão poucas para questioná-la. O primeiro aspecto invisível relaciona-se à análise crítica acerca da concepção da BNCC. O segundo reafirma a proposta da BNCC como um pacote curricular, lançado de cima para baixo de forma verticalizada e autoritária (VEIGA & SILVA, 2018, p. 58).

Os debates antes-pós BNCC sobre sua implementação como "pacote curricular" é uma agenda sobre "currículos diversos" da Educação Básica, com impactos diretos na "formação de professores". Na perspectiva do discurso governamental, os "currículos" deveriam evidenciar *novos rumos* e *novos sentidos* para o trabalho educacional, em especial, das secretarias de educação, das escolas e dos cursos e programas de formação de professores.

No entanto, a "base" centrada na "competência" do governo não é a mesma "base comum" pela qual o movimento das educadoras/educadores reivindicam e lutam desde os anos de 1990, entendendo-se a "escola pública" como espaço coletivo e democrático onde se ensina e se aprende conhecimentos das diferenças e das realidades em que vivem, como instrumento de promoção de uma educação de qualidade social referenciada. E não é por falta de acúmulo nas discussões que não se tem um *outro projeto de formação*:

> Nos últimos 20 anos, tem-se intensificado no panorama pedagógico brasileiro o foco na formação docente. Consolidam-se e divulgam-se, em inúmeros encontros e publicações, os conhecimentos produzidos com base em pesquisas e reflexões dos especialistas da área, ao mesmo tempo em que se reformulam os currículos de inúmeros cursos destinados a esse preparo. Todavia, apesar do avanço teórico e das propostas inovadoras implementadas, as configurações básicas do sistema de formação de professores não se têm alterado significativamente (MOREIRA, 1994, p. 8).

A implantação da BNCC agora altera os "currículos diversos" da Educação Básica e a "formação de professores" na universidade. O "currículo" é o eixo articulador de toda proposta educativa e formativa, nele/com/por ele se corporifica as intencionalidades do processo pedagógico, a partir do momento em que educandos e educadores vivenciam experiências nas quais constroem e reconstroem conhecimentos e saberes. E nesse debate revisitar concepções sobre "educação" e "escola" é preciso.

A educação é uma das ações culturais que constitui a reflexão sobre a humanização, seja o que acontece na pessoa *para dentro* ou dela *para fora*, em direção à sociedade a que pertence. Na análise dos modelos de ação presentes na prática educativa, pode ser identificada que

> [...] a noção ocidental de educação refere-se a uma atividade consciente de si mesma; é a ação que o ser humano exerce voluntária e conscientemente sobre si mesmo ou sobre outro ser humano a fim de se formar ou de formá-lo em função de certas representações de sua própria ação e da natureza, dos modos e das consequências dessa ação (TARDIF, 2014, p. 151).

Uma das formas de entender "Educação Básica" é analisar a "escola pública" em seus vários momentos históricos e a partir das controversas concepções de educação. É compreender a "representação social ideologizada" que a sociedade civil, gestores, técnicos e até pedagogos e estudantes elaboram sobre essa instituição.

Nesse processo apreendemos que a "ideologia é, sem dúvida, um sistema de representações, mas na maioria dos casos essas representações nada têm a ver com consciência; são usualmente imagens e ocasionalmente conceitos"[10]. Ideologias que se estruturam e que se impõem à sociedade pelos objetos culturais, mas mesmo assim a representação social subsidia a análise mais cuidadosa e radical.

Há polifonia de vozes sobre os termos "educação, ensino e escola", que se entrelaçam e se entrecruzam gerando, na maioria das vezes, confusão de sentidos e significados. Todavia, entendemos que

---

10 GIROUX, H. *Pedagogia radical*: Subsídios, p. 38.

"educar" é ação que promove a superação da natureza animal à sua condição de humano. É a atitude que torna o ser humano verdadeiramente autônomo, sujeito de sua ação. É

> [...] o trabalho, o processo pelo qual homens e mulheres de todos os tempos e raças, ao criarem a existência econômico-social e política, as formas de vida religiosa, as letras e as artes, a filosofia e as ciências, se humanizam, submetem ao domínio da razão os instintos, a prepotência, o individualismo, as necessidades, os interesses, o imediatismo do mundo e da existência social, a possibilidade da selvageria e da barbárie. Inseparável dessa concepção e desse processo, a ideia de que os indivíduos, as instituições, a sociedade e a espécie humana podem, têm condições e precisam se aperfeiçoar sempre mais, galgarem patamares cada vez mais elevados de racionalidade, de autonomia e de perfeição (COELHO, 2001, p. 3-4).

A "escola", por sua vez, é uma construção sócio-histórica e precisa ser pensada na dimensão de uma "instituição social" que influencia e é influenciada no/pelo contexto sócio-histórico, portanto, desvelando a sua condição de contraditoriedade: a educação é e não é reprodução, a educação é e não é transformação.

> A escola não é nem um duplo da sociedade, nem um meio totalmente autônomo: é uma instituição social, e, enquanto tal, depende da sociedade; mas é também uma instituição especializada, que se dá finalidades culturais, e que, enquanto tal, reinterpreta sua função social em termos culturais que lhe permitem reivindicar uma autonomia em relação à sociedade (CHARLOT, 1983, p. 151).

Como instituição especializada, a "escola" é o local prioritário para o desenvolvimento de boa parte da *educação*, e não apenas *aprendizado*, de bebês, crianças pequenas, jovens, adultos e velhos, porém muitos pesquisadores concordam com a asserção de que a escola tem sido classista, perpetuadora de ideologias, fechada em si mesma, dependendo do modelo sócio-histórico e político do qual é/ faz parte e está inserida, até porque ela não é *redentora* da sociedade. Pensar a "escola" em uma outra perspectiva, visando a superação do discurso ideológico, é refleti-la na dimensão da luta de classes, visto que nas relações sociais se identificam as forças hegemônicas de dominação assim como sua contra-ideologia, que permeiam a prática socioeducativa.

Na direção desse horizonte se requer não somente "mudança nos conteúdos curriculares", como foram propostos na tendência de reforma da Educação Básica brasileira, a exemplo da *reforma da Espanha*[11] dos anos de 1990, mas também "mudanças para além de habilidades e competências", isto é, o repensar do arcabouço de sua organização e sustentação e do processo de democratização de sua gestão, enfim, capaz de "desvelar sua realidade".

Nesse processo, é imprescindível a preocupação com a determinação dos "fins educativos sociais" para que possamos entender as finalidades de classe, ao invés de considerar somente as questões dos *métodos de ensino* e *aprendizagem* da/na escola.

Entretanto, o debate sobre "educação, ensino e escola" perpassa a reflexão sobre as "políticas curriculares", dado que estas possuem diversos efeitos e objetivos:

> [...] autorizam certos grupos de especialistas, ao mesmo tempo em que desautorizam outros. Elas fabricam os objetos "epistemológicos" de que falam, por meio de um léxico próprio, de um jargão, que não deve ser visto apenas como uma moda, mas como um mecanismo altamente eficiente de instituição e constituição do "real" que supostamente lhe serve de

---

11 COLL, C. et al. *Os conteúdos na reforma*: Ensino e aprendizagem de conceitos, procedimentos e atitudes, p. 9.

referente. As políticas curriculares interpelam indivíduos nos diferentes níveis institucionais aos quais se dirigem, atribuindo-lhes ações e papéis específicos: burocratas, delegados, supervisores, diretores, professores. Eles geram uma série de outros e variados textos: diretrizes, guias curriculares, normas, grades, livros didáticos, produzindo efeitos que ampliam os dos textos-mestre. As políticas curriculares movimentam, enfim, toda uma indústria cultural montada em torno da escola e da educação: livros didáticos, material paradidático, material audiovisual (agora chamado de multimídia). Em outro nível, enfim, a política curricular, agora já transformada em currículo, tem efeitos na sala de aula (SILVA, 1999, p. 11).

A análise das *reformas educacionais curriculares* no Brasil[12] mostra que elas podem ser localizadas em quatro períodos básicos: o primeiro período dos anos de 1920 e 1930, que corresponde às origens do campo curricular como *"área de estudos"* no Brasil; o segundo, no final dos anos de 1960 e 1970, correspondente ao período no qual o campo de estudos tomou forma e a "disciplina currículos e programas" foi introduzida nas faculdades de educação; o terceiro, de 1979 a 1987, caracterizado pela eclosão de intensos "debates sobre currículos e conhecimento escolar", bem como por tentativas de reconceptualização de seu campo disciplinar; e o período dos anos de 1990 a 2000 expresso pelas "mudanças curriculares" a exemplo dos PCNs, PCN em Ação, ou seja, mudanças na legislação educacional com diretrizes, parâmetros e resoluções que visaram "mudar" a *escola*, a *formação de professores* para a Educação Básica, como atualmente está descrita no projeto de governo da *BNC–Formação* de 2019.

Os PCNs assumem uma postura aparentemente alternativa. Baseado em autores conteudistas, o docu-

---

12 Cf. MOREIRA, A.F. *Currículos e programas no Brasil*, 1995.

mento aponta a importância das disciplinas para que os alunos dominem o saber socialmente acumulado pela sociedade. Por outro lado, "há questões urgentes que devem necessariamente ser tratadas, como a violência, a saúde, o uso de recursos naturais, os preconceitos, que não têm sido diretamente contemplados por essas áreas". Poderíamos, então, perguntar: se o saber socialmente acumulado não dá conta de entender a realidade e seus problemas mais urgentes, por que ele é tão importante e central na escola? Por que deveria ser mantido nessa posição de centralidade? Os PCNs não nos respondem, apenas nos apresentam mais um conjunto de temas que deveria ser tratado pela escola, "ocupando o mesmo lugar de importância" das disciplinas clássicas, mas sem se configurar em disciplinas (CANDAU, 2000, p. 44).

As *mudanças curriculares* têm se configurado como forma de emplacar um "currículo nacional". Modelos curriculares estandardizados e um sistema de avaliação que nos Estados Unidos da América e na Inglaterra

> [...] têm sido vistos pelos neoliberais como capazes de contribuir tanto para a modernização no ensino e o melhor preparo de recursos humanos, como para a preservação de um passado romantizado. O currículo nacional serviria como suporte de funcionamento de um sistema nacional de avaliação, facilitando aos "consumidores" o esclarecimento a respeito de quais escolas merecem ser consideradas como de qualidade (MORAES, 2000, p. 58-59).

Na Inglaterra, o que norteou o debate em torno do "currículo nacional" foi a crise do capital financeiro. A partir desse pressuposto,

> [...] o currículo nacional é apresentado como parte de um projeto de regeneração econômica e de reestruturação da identidade nacional. Dois outros pro-

pósitos subjacentes merecem ser registrados: a reconstituição de disciplinas tradicionais e o controle dos estudantes e professores por parte do Estado. [...] O atual currículo nacional representaria, então, de uma certa forma, uma retomada dos interesses mais conservadores (MORAES, 2000, p. 59).

Como vimos dizendo, a reforma espanhola tem sido a referência não só para o Brasil, mas para a Argentina, o Chile e a Colômbia, assim como a da Inglaterra buscou tornar as *escolas, seus currículos e a formação de professores* vendável, possibilitando assim, agenciá-los como franquias de grandes grupos de educação, que disputam fatias do mercado educacional, a exemplo do "Grupo Ser Educacional", com forte expansão no Norte e Nordeste, a "Rede Internacional da Universidades Laureat", as gigantes do mercado educacional Kroton e Anhanguera, novo grupo avaliado em cerca de R$ 12 bilhões, que representa o dobro da segunda colocada, a chinesa New Oriental.

Por outro prisma, não esqueçamos que o processo de elaboração das Diretrizes Curriculares para os Cursos de Graduação, desencadeado pelo CNE/MEC no final dos anos de 1990, visou contemplar o processo de "ajuste" imposto à universidade pública às novas exigências dos organismos internacionais, em particular do Banco Mundial (BM) e do Fundo Monetário Internacional (FMI), buscando adequar a *formação de profissionais de nível superior* de acordo com as demandas do chamado mercado globalizado.

> As diretrizes curriculares que orientarão a elaboração dos currículos e os estudos tomarão por base as diretrizes para a Educação Básica, ao contrário do processo que tem orientado a elaboração das diretrizes para os cursos de graduação, que toma como parâmetros e princípios orientadores os conhecimentos científicos da área de formação. Essa forma de organização nos leva a afirmar que os estudos que aí se desenvolverão, separados da pesquisa e da *pro-*

dução de conhecimento nas áreas de formação, tanto nas disciplinas de conteúdo das áreas específicas da docência quanto na área educacional, adquirirão caráter técnico e instrumental, retirando do profissional da educação a possibilidade de desenvolver-se como "intelectual" responsável por uma área específica do conhecimento, atribuindo-se a ele uma dimensão tarefeira, para o que não precisa se apropriar dos conteúdos da ciência e da pesquisa pedagógica (FREITAS, 1999, p. 21-22).

No campo da "formação de professores", o processo de elaboração das "diretrizes curriculares" expressa as contradições presentes nas discussões atuais, trazendo à tona os dilemas e as dicotomias do/no processo de formação: professor *versus* generalista, professor *versus* especialista e especialista *versus* generalista, tão característico nos debates sobre o curso de Pedagogia e das demais licenciaturas específicas.

A proposta mantém as dicotomias e as fragmentações na formação de profissionais da educação quando se dedica, em sua formulação, à formação de professores e não de educadores, enfatizando exclusivamente o conteúdo específico, as metodologias e o projeto pedagógico da escola, reforçando, portanto, a concepção conteudista, tecnicista do professor, reduzindo-o a um prático com pleno domínio da solução de problemas da prática cotidiana da escola e da sala de aula, alijado da investigação e da pesquisa sobre as condições concreta que geram esses problemas (FREITAS, 1999, p. 23).

A partir desse pressuposto, os problemas estruturais e históricos da "escola" e da "universidade" públicas são vistos como uma questão de "reformas", a ser resolvida a partir de sua "curricularização". Não é possível equacionar os vários problemas educacionais, em sua dimensão social, política, cultural e humana, atuando-se tão somente nos "currículos diversos" da Educação Básica e na "formação de professores(as)" da Educação Superior. A condução do planejamento e gestão das políticas governamentais de educação não têm conseguido ir além de ações paliativas que encobrem questões bem mais significativas para a existência e a formação social e cidadã. A questão não pode ser reduzida ao desenvolvimento de "habilidades e competências", à "contextualização", à "transposição didática", à "socialização e à apropriação do conhecimento", mas requer a compreensão da "relação com o saber" para além desses reducionismos categóricos.

> Os saberes têm um estatuto específico na Educação Básica, não são os mesmos das ciências nas quais se baseiam. Mas não se trata também de saberes diferentes. A escola através do currículo estabelece uma *transposição didática* (CHEVALLARD, 1997), isto é, a transformação da cultura em objeto de ensino e de aprendizagem escolar ou a transformação dos saberes para serem ensinados. Ocorrem, na verdade, três transformações: a dos conhecimentos científicos em conhecimentos escolarizados, no currículo escolar; a do currículo escolar, saber proposto, em saber ensinado ou currículo real e, por fim, a do currículo real ensinado em aprendizagem real dos alunos. Esta caracterização é útil para tornar presente o fato de que ensinar é um processo e o aprender outro (GRELLET, 1999, p. 35).

É urgente avançarmos na compreensão de "currículo", "didática", "formação" como desafiadores do "ponto de partida" de professores e alunos, além do significado que possuem as *ações escolares e acadêmicas* no processo de construção do ensinar e do aprender.

É importante que os "currículos" atinjam objetivos amplos, como a "formação política" do educando. Que os educandos concluam suas formações conscientes, ao menos, de sua inserção em uma determinada sociedade, que apreendam as peculiaridades socioculturais, políticas e econômicas de seu meio social, seu pertencimento, sua identidade e suas diferenças.

BNCC, BNC–Formação não são currículos. A educação é a base!

O "currículo nacional", expresso na BNCC, assumiu a perspectiva empresarial e deslegitima "currículos regionalizados". Assim o significado de "nacional" e "comum", ao adjetivarem os "currículos diversos" da Educação Básica, precisam ser ressignificados.

O "currículo da Educação Infantil", na BNCC, por exemplo, define "campos de experiência" com metas rígidas a serem cumpridas, desconsiderando o desenvolvimento processual e integral de bebês e crianças pequenas.

A "base comum" está na pesquisa e debate das entidades, associações e sindicatos desde a LDB de 1996, inclusive com uma concepção que difere do termo atual "BNCC–Formação". Nesse debate a comunidade científica brasileira foi propositiva destacando-se

> o papel fundamental das revistas científicas na difusão das ideias e concepções de currículo que vem sendo discutidas e amplamente debatidas no meio universitário, em diálogo com a sociedade, com a produção de significativo substrato teórico, que possibilitou o início da crítica ao modo impositivo de pensar o currículo e a necessidade de adoção de uma perspectiva interativa, participativa, democrática e dialogada (CURY, REIS & ZANARDI, 2018, p. 8).

Além dos trabalhos individuais ou com autorias das pesquisadoras/pesquisadores, publicados nas revistas científicas qualificadas, a organização de dossiês especiais sobre a BNCC/BNC–Formação, qualificou/qualifica o debate no meio acadêmico, da comunidade científica e com a comunidade em geral. As *Revista Currículo sem Fronteiras, Revista e-Curriculum, Revista Cadernos de Pesquisa, Revista Teias, Revista Retratos da Escola* (CNTE) tiveram contribuições importantes na publicação de diversos dossiês com questões críticas sobre a BNCC/BNC–Formação.

A partir desse pressuposto, destacamos duas publicações de 2016 e 2018 que, além dos demais dossiês, colocaram em debate a BNCC:

> Ainda em 2016, a revista *EccoS* publica o dossiê *Políticas Curriculares: Das discussões sobre a construção da Base Nacional Comum Curricular da Educação Básica (BNCC)*, organizado por Carlos Bauer e Antônio Joaquim Severino. Para os organizadores o dossiê reafirma o papel imprescindível da BNCC e se propõe a fornecer subsídios analíticos e reflexivos para a sua construção coletiva e democrática, cuja continuidade também exige incisivo compromisso de autoridades responsáveis pela organização e efetivação da Base.
>
> O ano de 2018 marca a retomada das discussões sobre a BNCC, com o lançamento do livro eletrônico, em versão preliminar, organizado por Luiz Fernandes Dourado e Márcia Ângela Aguiar, intitulado *A BNCC na construção do PNE 2014-2024: Avaliação e perspectivas*. Nele, os organizadores reúnem diferentes autores, que, segundo eles, visam problematizar a concepção e os desdobramentos da implantação da BNCC no campo educacional e na relação com as demais políticas setoriais, remetendo as contribuições ao debate no contexto da Conferência Nacional Popular de Educação (CURY, REIS & ZANARDI, 2018, p. 14).

A aprovação da BNCC e da BNC–Formação não encerraram os debates, e também "não resolveram os problemas e lacunas nelas observados durante sua elaboração e apresentação da versão final, no formato de documento, ao público" (CURY, REIS & ZANARDI, 2018, p. 14).

Considerações (in)conclusivas pós-BNCC

Defendemos um projeto de *formação de professores(as)* no qual a "Educação é a Base" e a "BNCC: Perspectiva da classe trabalhadora", entendendo-se a *educação socialmente referenciada*, direito da professora, do professor e dos demais profissionais/trabalhadores da área da educação.

O projeto governamental baseia-se numa outra lógica, diz respeito à concepção de professor com foco em sua agenda de formação que *certifica mas não qualifica*, pautados em referenciais como o *neobehaviorismo*, o *cognitivismo computacional*, a *teoria do processamento da informação*, e ainda: no *ensino eficaz e estratégico*, nas *competências profissionais*, a exemplo da "alfabetização baseada em evidências" de 2019, do atual governo Bolsonaro.

O termo "competência" é palavra-chave da BNCC e BNC–Formação, usada de forma imprecisa ao ser compreendida como *saber prático* relacionado ao *saber-fazer*. Na acepção de "competência" estão esboçadas pelo menos duas tradições da teoria pedagógica[13], a *concepção cognitivo-construtivista* e a *comportamental*. E nesse sentido tem sido revisitada e criticada pelas pesquisadoras brasileiras e até internacionalmente.

A BNCC com suas "10 competências gerais que os estudantes precisam desenvolver e para que tenham asseguradas o direito *às* aprendizagens essenciais", e a BNC–Formação "com as competências profissionais docentes tendo por base três dimensões: conhecimento profissional, prática profissional e engajamento profissional", mudarão as matrizes de referência do Saeb, impactarão as *licenciaturas*, descaracterizarão a *formação de professores* construída em mais de 40 anos de debates, a formação inicial e continuada, dando ênfases ao setor privado para venda de pacotes de cursos, kits e materiais didáticos, com cortes dos investimentos em educação, ao conceberem *escolas* como empresas a serem gerenciadas, com descontinuidades

---

13 MACEDO, E. *Currículo e competência*, 2002.

de programas e projetos educacionais, inclusive com retrocessos na prática pedagógica ao conceituarem o *trabalho didático-pedagógico* e a *docência* de forma praticista e tarefeira, além de subtrair o investimento das 20 metas do Plano Nacional de Educação (PNE).

A discussão sobre a reformulação do *curso de Pedagogia*, dos *cursos de licenciaturas específicas*, da *formação de professores* nas últimas três décadas tem sido assumida especialmente pelas associações/entidades profissionais da área de educação (Anped, Anfope, Anpae, Forumdir, Fórum Nacional em Defesa da Formação do Professor, CNTE), dentre tantos outros movimentos da sociedade civil organizada. E apesar do discurso da *licenciatura com identidade própria*, o projeto de *formação de professoras* da BNC–Formação possibilitará a consecução das políticas de governo marcadas pela *fragmentação* e pelo *aligeiramento da formação*.

A ideia da "formação inicial", deve remeter-nos àquela responsável de "fornecer as bases, para poder construir um conhecimento pedagógico especializado"[14]. Além de constituir-se como espaço de socialização profissional, com o devido cuidado de não desenvolver um *papel técnico-continuísta*, adaptado acriticamente à ordem sociopolítica, tornando assim os professores incapazes de contra-argumentar a determinação econômica, política e social.

Os debates e embates dessas três décadas sobre a "formação de professores" e o momento pós-BNCC revelam o que venho afirmando desde o início dos anos 2000: a "MEC-anização" (ROCHA, 2002) da educação brasileira, a partir das *reformas e mudanças curriculares* implantadas no âmbito do CNE e MEC: por *MEC-anização* entende-se o conjunto de medidas legislativas por decretos e estratégias políticas governamentais implementadas no âmbito do governo federal, nos anos 2000, barrando a manifestação plural, federativa e aberta à consulta das decisões pertinentes à educação.

---

14 IMBERNÓN, F. *Formação docente e profissional*, p. 65.

A *MEC-anização* criou leis, documentos que, ao não incorporarem as discussões e demandas das/dos educadoras/educadores e trabalhadoras/trabalhadores organizados no Fórum Nacional de Educação (FNE), cerceando assim de expressar tanto o *dever do Estado* como o *direito de todos*.

A Anped, a ABdC, a rede de pesquisa Rides, em seus eventos nacionais e internacionais, têm escrito e publicado cartas, moções, manifestos, dossiês, realizado *lives*, manifestando-se pela qualidade referenciada da *formação de professores*.

Entendemos que neste momento pós-BNCC é de intensificar os estudos e pesquisas sobre "currículos", fortalecendo a perspectiva da campanha *Aqui já tem currículo* (parceria Anped/ABdC), referendando a autonomia e autoria de professoras/professores, mobilizando estudantes, escola e universidade para que assumam o enfrentamento à BNCC e BNC–Formação.

Referências

ABdC (Associação Brasileira de Currículo)/ANPED (Associação Nacional de Pós-graduação e Pesquisa em Educação). *Exposição de Motivos sobre a Base Nacional Comum Curricular*. Rio de Janeiro, 9 jan. 2015 [disponível em https://anped.org.br/sites/default/files/resources/Of_cio_01_2015_CNE_BNCC.pdf. Acesso em 21 fev. 2021].

BARBOSA, M.C.S. & CAMPOS, R. "BNC e educação infantil: Quais as possibilidades?" *Retratos da Escola*, v. 9, n. 17, jul./dez.-2015, p. 353-366. Brasília. *Diário Oficial da União*, seção 1, 2 jun. 2015.

BRASIL. CNE/MEC. *Resolução CNE/CP n. 2/2019*. Define as Diretrizes Curriculares Nacionais para a Formação Inicial de Professores para a Educação Básica e institui a Base Nacional Comum para a Formação Inicial de Professores da Educação Básica (BNC–Formação) [disponível em http://portal.mec.gov.br/docman/dezembro-2019-pdf/135951-rcp002-19/file. Acesso em 21 fev. 2021].

_____. *Resolução CNE/CP n. 2, de 22 de dezembro de 2017*. Institui e orienta a implantação da Base Nacional Comum Curricular, a ser respeitada obrigatoriamente ao longo das etapas e respectivas modalidades no âmbito da Educação Básica [disponível em http://basenacionalcomum. mec.gov.br/images/historico/RESOLUCAOCNE_CP222DEDEZEMBRO DE2017.pdf. Acesso em 21 fev. 2021].

_____. *Resolução CNE/CP n. 2/2015*. Define as Diretrizes Curriculares Nacionais para a formação inicial em nível superior (cursos de licenciatura, cursos de formação pedagógica para graduados e cursos de segunda licenciatura) e para a formação continuada [disponível em http://portal. mec.gov.br/docman/agosto-2017-pdf/70431-res-cne-cp-002-03072015-pdf/file. Acesso em 21 fev. 2021].

_____. *Resolução CNE/CP n. 1/2002*. Institui Diretrizes Curriculares Nacionais para a Formação de Professores da Educação Básica, em nível superior, curso de licenciatura, de graduação plena [disponível em http://portal. mec.gov.br/cne/arquivos/pdf/rcp01_02.pdf. Acesso em 21 fev. 2021].

_____. *Parecer CNE/CP n. 9/2001*, aprovado em 8 de maio de 2001. Diretrizes Curriculares para a Formação Inicial de Professores da Educação Básica em Cursos de Nível Superior [disponível em http://portal.mec.gov. br/cne/arquivos/pdf/009.pdf. Acesso em 21 fev. 2021].

CANDAU, V.M. "Reformas educacionais hoje na América Latina". In: MOREIRA, A.F.B. (org.). *Currículo*: Políticas e práticas. 2. ed. Campinas: Papirus, 2000.

CHARLOT, B. *A mistificação pedagógica*: Realidades sociais e processos ideológicos na teoria da educação. 2. ed. Rio de Janeiro: Zahar, 1983.

COELHO, I.M. "Educação, cultura e escola". *VII Simpósio Ambientalista Brasileiro no Cerrado – SABC*. Goiânia, 17 nov. 2001.

CURY, C.R.J.; REIS, M. & ZANARDI, T.A.C. *Base Nacional Comum Curricular* – Dilemas e perspectivas. Cortez: São Paulo, 2018.

DOURADO, L.F. "Diretrizes Curriculares Nacionais para a formação inicial e continuada dos profissionais do magistério da Educação Básica: Concepções e desafios". *Educação e Sociedade*, v. 36, n. 131, abr./jun.-2015, p. 299-324. Campinas [disponível em https://www.scielo.br/scielo.php? pid=S0101-73302015000200299&script=sci_abstract&tlng=pt. Acesso em 10 jan. 2021].

FERNANDES, C.O. "Avaliação, currículo e suas implicações: Projetos de sociedade em disputa". *Retratos da Escola*, v. 9, n. 17, jul./dez.-2015, p. 397-410. Brasília.

FERREIRA, W.B. "O conceito de diversidade na BNCC: Relações de poder e interesses ocultos". *Retratos da Escola*, v. 9, n. 17, jul./dez.-2015, p. 299-320. Brasília.

FÓRUM DE CURSOS DE FORMAÇÃO DE PROFESSORES DAS UNIVERSIDADES PÚBLICAS PAULISTAS. *Declaração do Fórum dos Cursos de Formação de Professores das Universidades Públicas Estaduais Paulistas.* Campinas, 17 de maio de 2018.

FREITAS, H.C.L. "Formação de professores no Brasil: 10 anos de embate entre projetos de formação". *Revista Educação & Sociedade*, vol. 23, n. 80, set.-2002, p. 136-167. Campinas [disponível em http://www.cedes.unicamp.br. Acesso em 21 abr. 2021].

_____. "A reforma do ensino superior no campo da formação dos profissionais da Educação Básica: As políticas educacionais e o movimento dos educadores". *Educação & Sociedade*. Formação de profissionais da educação – Políticas e tendências. Campinas: Centro de Estudos da Educação e Sociedade (Cedes), n. 68, 1999 [disponível em https://www.scielo.br/scielo.php?pid=S010173301999000300002&script=sci_arttext&tlng=pt. Acesso em 10 jan. 2021].

GENTILI, P. *A falsificação do consenso*: Simulacro e imposição na reforma do neoliberalismo. Petrópolis: Vozes, 1998.

GRELLET, V. "Notas conceituais". In: MELLO, G.N. *Formação inicial de professores para a Educação Básica* – Uma (re)visão radical. Mimeo, nov.-1999 [disponível em www.educacao.ufpr.br/fi.doc. Acesso em 10 jan. 2021].

LIBÂNEO, J.C. "A formação de professores no curso de pedagogia e o lugar destinado aos conteúdos do ensino fundamental: Que falta faz o conhecimento do conteúdo a ser ensinado às crianças". In: SILVESTRE, M.A. & PINTO, U.A. (orgs.). *Curso de Pedagogia* – Avanços e limites após as diretrizes curriculares nacionais. São Paulo: Cortez, 2017.

LOPES, A.C. & MACEDO, E. (orgs.) *Currículo* – Debates contemporâneos. São Paulo, Cortez, 2002.

MORAES, T.B. "A reforma do ensino médio e as políticas de currículo nacional no Brasil". *ANPAE – Revista Brasileira de Política e Administração da Educação (RBPAE)*, v. 16, n. 1, jan./jun.-2000, p. 57-65. Porto Alegre.

MOREIRA, A.F. (org.). *Conhecimento educacional e formação do professor.* Campinas: Papirus, 1994.

NELSON, C.; TREICHLER, P. & GROSSBERG, L. "Estudos culturais: Uma introdução". In: SILVA, T.T. (org.). *Alienígenas na sala de aula*. Petrópolis: Vozes, 1998.

PT/ESCOLA NACIONAL DE FORMAÇÃO. *Retrocessos do governo Bolsonaro* [disponível em https://www.enfpt.org.br/. Acesso em 22 abr. 2021].

PT/FUNDAÇÃO PERSEU ABRAMO. "O modo petista de governar e de atuação parlamentar". *Cadernos de Formação*, Apresentação, 2013 [disponível em https://redept.org/uploads/biblioteca/Caderno_O_Modo_Petista_de_Governar_e_de_Atua%C3%A7%C3%A3o_Parlamentar.pdf. Acesso em 22 abr. 2021].

ROCHA, J.D.T. "Justiça curricular em tempos supremacista, moralista, conservador". In: HONORATO, R.F.S. & SANTOS, E.S.S. (orgs.). *Políticas curriculares (inter)nacionais e seus (tans)bordamentos*. Rio de Janeiro: Ayvu, 2020.

_____. *Diretrizes curriculares e formação inicial de professores da Educação Básica* [Dissertação de Mestrado em Educação]. Goiânia: Universidade Federal de Goiás, 2002.

SILVA, M.R. "Currículo, ensino médio e BNCC: Um cenário de disputas". *Retratos da Escola*, v. 9, n. 17, jul./dez.-2015, p. 367-379. Brasília.

SILVA, T.T. *O currículo como fetiche* – A poética e a política do texto curricular. Belo Horizonte: Autêntica, 1999.

_____. "Currículo e identidade social: Territórios contestados". In: SILVA, T.T. (org.). *Alienígenas na sala de aula*. 2. ed. Petrópolis: Vozes, 1995.

TARDIF, M. *Saberes docentes e formação profissional*. 17. ed. Petrópolis: Vozes, 2014.

VEIGA, P.A. & SILVA, E.F. (orgs.). *Ensino Fundamental* – Da LDB à BNCC. Campinas: Papirus, 2018.

Sobre os autores

Amali de Angelis Mussi

Graduação em Pedagogia pela Universidade de Taubaté (1986). Mestrado (1996) e doutorado (2007) em Educação pela Pontifícia Universidade Católica de São Paulo. É pós-graduada em Gestão Estratégica e Universitária e em Psicopedagogia. É professora titular da Universidade Estadual de Feira de Santana (UEFS), docente da área de Prática de Ensino e do Programa de Pós-graduação em Educação. Membro do Núcleo de Estudos e Pesquisas sobre Pedagogia Universitária (Neppu). Membro do Fórum Estadual de Educação da Bahia (FEE-BA). Representante do Nordeste da Associação Nacional de Didática (Andipe). Vice-diretora adjunta da Rede Inter-regional Norte, Nordeste e Centro-Oeste sobre Docência na Educação Básica e Superior (Rides). Exerceu a função de Pró-reitora de Ensino de Graduação (gestão 2015-2019) e atualmente exerce a função de Vice-reitora da UEFS (gestão 2019-2023).

Anselmo Alencar Colares

Pedagogia (UFPA, 1988). Especialista em Ensino Superior (UFPA, 1994). Mestre em Educação (Unicamp, 1998). Doutor em Educação (Unicamp, 2003). Professor titular da Universidade Federal do Oeste do Pará. Lotado no Instituto de Ciências da Educação (Iced), Curso de Pedagogia e Programa de Pós-graduação em Educação. Coordenador do Programa de Pós-graduação em Educação na Amazônia – Doutorado acadêmico (Associação em Rede – Polo Santarém/Ufopa). Líder do Grupo de Estudos e Pesquisas História, Sociedade e Educação no Brasil (HISTEDBR/Ufopa). Presidente da Academia de Letras e Artes de Santarém (Alas). Vice-reitor Ufopa (2014-

2018). Sócio da Anped, SBHE e sócio-fundador do Instituto Histórico e Geográfico do Tapajós (IHG-Tap). Docente na Educação Básica de 1981 a 1994, e posteriormente no Ensino Superior. Tem experiência na área administrativa, no ensino e na pesquisa. Atua principalmente com: história e filosofia da educação; metodologia e pesquisa educacional; formação de professores. É avaliador de instituições e de cursos pelo Inep/MEC desde 2008. Em 2012, concluiu pós-doutorado em Educação, na Unicamp, desenvolvendo pesquisa na temática Educação Escolar Indígena.

Antonia Edna Brito

Graduação em Pedagogia pela Universidade Federal do Piauí (UFPI). Especialista em Alfabetização e Planejamento Educacional (UFPI). Mestrado em Educação pela Universidade Federal do Piauí (UFPI). Doutora em Educação pela Universidade Federal do Rio Grande do Norte (UFRN). Professora da Universidade Federal do Piauí, vinculada ao Programa de Pós-graduação em Educação (PPGEd/UFPI). Coordenadora do Núcleo de Estudos e Pesquisas sobre Formação e Profissionalização Docente em Pedagogia (Nupped). Temas de interesse: formação de professores, prática pedagógica, saberes docentes, alfabetização, Educação Infantil e narratividade.

Ilma Passos Alencastre Veiga

Bacharelado e Licenciatura em Pedagogia pela Faculdade de Filosofia, Ciências e Letras de Goiás (1961). Licenciatura em Educação Física pela Escola Superior de Educação Física de Goiás (1967). Mestrado em Educação pela Universidade Federal de Santa Maria (1973). Doutorado e Pós-doutorado em Educação pela Universidade Estadual de Campinas (1988). É professora titular emérita e pesquisadora associada sênior da Universidade de Brasília. É professora do Centro Universitário de Brasília, onde coordena a Assessoria Pedagógica da Diretoria Acadêmica. Tem experiência na área de Educação, atuando principalmente nos seguintes campos: formação de professor, didática, educação superior, docência universitária e projeto político-pedagógico. Orienta dissertações, teses e supervisiona atividades de pós-doutoramento.

Josania Lima Portela Carvalhêdo

Graduação em Pedagogia pela Universidade Federal do Piauí (UFPI). Especialista em Metodologia do Ensino (UFPI). Mestrado e Doutorado em Educação pela Universidade Federal do Ceará (UFC). Professora da Universidade Federal do Piauí, vinculada ao Programa de Pós-graduação em Educação (PPGEd/UFPI). Membro do Núcleo de Pesquisa em Educação, Formação Docente, Ensino e Práticas Educativas (Nupefordepe). Temas de interesse: formação de professores, prática pedagógica, saberes docentes, trabalho docente, desenvolvimento profissional e avaliação educacional e da aprendizagem.

José Damião Trindade Rocha

Pós-doutor (UEPA). Doutor em Educação (UFBA). Mestre em Educação Brasileira (UFG). Docente do Doutorado em Educação na Amazônia (PGEDA/UFPA). Docente do PPGE/UFT. Coordenador do Mestrado Profissional em Educação (PPPGE/UFT). Pesquisador do Programa Nacional de Cooperação Acadêmica na Amazônia: Uepa, UFRN, UFT (Procad/2018). Sócio da Associação Nacional de Pesquisa em Educação (Anped/GT-12 Currículo). Membro da Anped/Norte. Sócio da Associação Brasileira de Currículo (ABdC). Sócio da Sociedade Brasileira para o Progresso da Ciência (SBPC). Sócio da Associação Brasileira de Estudos em Homocultura (Abeh). Pesquisador da Rede Inter-Regional Norte, Nordeste e Centro-Oeste sobre Docência na Educação Básica e Superior (Rides). Membro do Fórum Nacional dos Mestrados Profissionais em Educação (Fompe). Membro do Comitê Técnico-científico (CTC/UFT). Professor associado do curso de Pedagogia (UFT).

Jocyléia Santana dos Santos

Pós-doutorado em Educação/Uepa. Doutora em História/UFPE. Mestre em História/UFPE. Coordenadora do Polo Tocantins do Doutorado em Educação na Amazônia – Rede EducaNorte/PGDEA. Coordenadora do Mestrado acadêmico em Educação – PPGE/UFT. Coordenadora local do Procad/Amazônia e pesquisadora do Programa Nacional de Cooperação Acadêmica na Amazônia: Uepa, UFRN e UFT (Procad/2018). Sócia da Associação

Nacional de Pesquisa em Educação (Anped/GT-2 –História da Educação). Sócia da Associação Brasileira de História Oral (ABHO). Sócia da Sociedade Brasileira de História da Educação (SBHE). Pesquisadora da Rede Inter-Regional Norte, Nordeste e Centro-Oeste sobre Docência na Educação Básica e Superior (Rides). Professora associada III da UFT. Líder de grupo de pesquisa História, Historiografia, Fontes de Pesquisa em Educação pelo CNPq (2004).

Maria Antonia Vidal Ferreira

Doutora em Filosofia e Ciências da Educação pela Universidade de Santiago de Compostela/Espanha (2008), equivalente ao de Doutora em Educação na área de Filosofia e História da Educação, diploma revalidado pela Universidade Estadual de Campinas (Unicamp, 2014). Especialização em Administração e Planejamento para Docentes pela Universidade Luterana do Brasil (1998). Graduada em Pedagogia pela Universidade Federal do Pará (1994). Exerceu as funções de coordenadora do Curso de Pedagogia em 2005 e de assessora pedagógica no período de 2006 a 2007 do Centro Universitário Luterano de Santarém. Foi professora no Ensino Fundamental e Médio da rede pública de ensino do estado do Pará no período de 1972 a 1998. Foi orientadora educacional na escola de Ensino Fundamental e Médio, no período de 1994 a 1998. Docente no Ensino Superior no período de 1998 a 2013 no Ceuls/Ulbra. Professora do magistério superior da Universidade Federal do Oeste do Pará, de acordo com a Portaria n. 1.051, de 25 de maio de 2017, publicado no DOU em 26 de maio de 2017.

Maria da Glória Soares Barbosa Lima

Graduação em Letras (Português) pela Universidade Federal do Piauí (1971). Graduação em Pedagogia pela Universidade Federal do Piauí (1980). Mestrado em Educação pela Universidade Federal do Piauí (1995). Doutorado em Educação pela Universidade Federal do Rio Grande do Norte (2003). Professora associada II da Universidade Federal do Piauí. Editora adjunta da revista *Linguagens, Educação e Sociedade*. Membro da Rede Inter-Regional Norte, Nordeste e Centro-Oeste de Docência na Educação Superior (Rides), uma organização de pesquisadores-docentes das regiões Norte,

Nordeste e Centro-Oeste sobre o tema Formação Docente para/na Educação Superior. Membro do BIOgraph (Associação Brasileira de Pesquisa (Auto)biográfica). Membro da Afirse (Associação Francófone Internacional de Pesquisa Científica em Educação).

Maria José de Pinho

Graduações em História e Pedagogia. Mestrado em Educação pela Universidade Federal de Pernambuco. Doutorado em Educação e Currículo pela Pontifícia Universidade Católica de São Paulo e Pós-doutorado em Educação pela Universidade do Algarve/Portugal. É professora associada e bolsista de produtividade do CNPq categoria 2. Avaliadora do Sistema Nacional de Avaliação da Educação Superior do Inep/MEC. É professora na graduação do curso de Jornalismo, no Programa de Pós-graduação Mestrado e Doutorado em Ensino de Língua e Literatura. Também é professora no Programa de Pós-graduação Mestrado em Educação. É membro da Rede Internacional de Escolas Criativas: Construindo a escola do século XXI (RIEC Coord. – UB/Espanha). Orienta mestrado e doutorado sobre formação de professores; práticas educativas; política educacional; teoria da complexidade. Desenvolve pesquisa sobre escolas criativas; educação e formação de professor.

Maria Lília Imbiriba Sousa Colares

Doutora em Educação pela Universidade Estadual de Campinas (Unicamp, 2005). Pós-doutora em Educação (Unicamp), com estágio pós-doutoral na Facultad de Filosofia y Humanidades, Universidad Nacional de Córdoba (Argentina) – Projeto CAPG-BA 060/12 Capes (2013). Atualmente é pesquisadora PQ do CNPq (nível 2) e professora associada da Universidade Federal do Oeste do Pará (Ufopa), onde exerce atividades de pesquisa e de docência na graduação e na pós-graduação em Educação. É coordenadora adjunta do Programa de Pós-graduação em Educação (PPGE/Ufopa). É editora científica da revista *Exitus*. Desde 2008 é avaliadora institucional e de curso do Instituto Nacional de Estudos e Pesquisas Educacionais Anísio Teixeira (Inep). Desde 2010 é coordenadora adjunta do Grupo de Estudos e Pesquisas História, Sociedade e Educação no Brasil – HISTEDBR/Ufopa.

É vice-coordenadora do Fórum de Editores de Periódicos de Educação das Regiões Norte e Nordeste. Foi Diretora da Anpae/Seção Pará nos biênios 2011-2013 e 2013-2015.

Renê Silva

Mestre em Educação pelo Programa de Pós-graduação (PPGED) da Universidade Estadual do Sudoeste da Bahia (UESB). Membro do Núcleo de Estudo, Pesquisa e Formação de Professores (Nefop). Graduado em Pedagogia pela Universidade Estadual do Sudoeste da Bahia (UESB). Pós-graduado em Fundamentos Sociais e Políticos da Educação (UESB). Coordenador pedagógico efetivo da Secretaria da Educação do Estado da Bahia, atuando na Coordenação Estadual do Programa de Apoio à Implementação da Base Nacional Curricular Comum (ProBNCC) pela Undime/BA. Coordenador do Programa de (Re)Elaboração dos Referenciais Curriculares nos municípios baianos e o Projeto Rede de Práticas Undime/BA.

Roberto Sidnei Macedo

Graduação em Psicologia pelo Centro Unificado de Ensino de Brasília (1975). Mestrado em Educação pela Universidade Federal da Bahia (1988) e doutorado em Ciências da Educação pela Université Paris 8 – Vincennes-Saint-Denis (1995). Atualmente é professor adjunto da Universidade Federal da Bahia; coordenador do GT12 (Currículo) da Associação Nacional de Pós-graduação e Pesquisa em Educação (Anped); consultor da Fundação de Amparo à Pesquisa do Estado da Bahia; pesquisador colaborador do Centro de Investigação em Educação da Universidade da Mceira/PT (CIE-Uma); membro do comitê científico GT da Associação Nacional de Pesquisa em Educação; professor credenciado do Mestrado Profissional de Educação de Jovens e Adultos (UNEB); e consultor da Coordenação de Aperfeiçoamento de Pessoal de Nível Superior. Tem experiência na área de Educação, com ênfase em Currículos Específicos para Níveis e Tipos de Educação, atuando principalmente nos seguintes temas: currículo; currículo e formação; formação docente; docência e formação.

Tania Suely Azevedo Brasileiro

Pós-doutora em Psicologia pelo Instituto de Psicologia da Universidade de São Paulo (USP, 2008/2009), com Estágio Pós-doutoral junto à Catedra Vygotsky da Faculdade de Psicologia da Universidad de La Havana/Cuba (2009). Doutorado em Educação – Universidad Rovira i Virgili/Espanha (2002) –, revalidado na Faculdade de Educação da USP. Mestrado em Pedagogia do Movimento Humano pela Universidade Gama Filho (1992) e Mestrado em Tecnologia Educacional – Universidad Rovira i Virgili/Espanha (2001). Especialização em Medicina Desportiva e Biociência do Esporte – Universidade Federal de Juiz de Fora (1980). Especialização em Didática do Ensino Superior desde 1985 – Universidade Gama Filho (RJ). Especialização em Administração dos Serviços de Saúde – Unaerp/SP (1994). Graduada em Psicologia pela Universidade Federal de Rondônia (1997). Licenciada em Psicologia pela Universidade Federal de Rondônia (1996). Graduada em Educação Física, Recreação e Jogos pela Universidade Federal de Juiz de Fora (1978). Graduada em Pedagogia – Faculdades Integradas de Ariquemes (2004). Também é docente permanente do Doutorado em Rede EducaNorte. É membro-pesquisadora da Rede Inter-regional N-NE-CO sobre docência na Educação Superior (Rides) e assumiu sua presidência durante a gestão 2012-2015.

Conecte-se conosco:

 facebook.com/editoravozes

 @editoravozes

 @editora_vozes

 youtube.com/editoravozes

 +55 24 2233-9033

www.vozes.com.br

Conheça nossas lojas:
www.livrariavozes.com.br

Belo Horizonte – Brasília – Campinas – Cuiabá – Curitiba
Fortaleza – Juiz de Fora – Petrópolis – Recife – São Paulo

  Vozes de Bolso

EDITORA VOZES LTDA.
Rua Frei Luís, 100 – Centro – Cep 25689-900 – Petrópolis, RJ
Tel.: (24) 2233-9000 – E-mail: vendas@vozes.com.br